Marie Dubach
Vo Land u Lüt

D1722889

Marie Dubach

# Vo Land u Lüt

Bärndütschi Gschichte

Sonnenheimat-Verlag Bern

© by Blaukreuz-Verlag Bern 2001
Umschlagfoto: B. Kottal
ISBN 3 85580 408 7

# Zwöi Paar Schue

Ds Käthi u der Res hei enangere im Wältsche lehre gchenne. Äs het uf däm grosse Burehof i der Nöchi vo Yverdon ds Hushaltlehrjohr gmacht u der Res het es paar Monet im Stall u uf em Fäld usghulfe. Derby het är als bal achtzähjährige Bursch syner Bei ds erschtmol ungerne frömde Tisch müesse strecke. Ds Käthi het grad gmerkt, dass er echli Müei het mit der wältsche Choscht u nes het ihm zwüsche ine öppe e Bitz Brot us der Chuchi u nes Schoggistängeli us em Lädeli zuegha. I däm Burehuus het me äbe vorem Mälche am halbi föifi am Nomittag scho z Nacht ggässe u de het es nüt meh gä für d Dienschte.

Ds «jeune fille» u der« jeune homme» us der Dütschschwyz hei enangere gärn übercho u ds Käthi hets nachem Wältsche gäng wider i d Nöchi vom Res zoge. Als einzige Bueb näbe de drei Schweschtere het är deheime nid furtchönne. Der Vater isch gly

5

huftlahm worde u so het halt der Jung by der Arbeit im Stall u ufem Fäld müesse drybysse.

Eso hei di zwöi Verliebte ihri Glüscht müesse zruggstelle. E Reis vo zwo Stung mit em Velo hei di Zwöi trennt. Der Res het di Strapaze bis uf Meichilche ueche nid gäng chönne uf sech näh. Mit em Zug über Bärn go chehre het di Sach no komplizierter gmacht. U schliesslich isch denn weder ds Poschtouto no d Bahn nach Mitternacht gfahre. Bym Heifahre hets der Res mit em Velo nidsi chönne lo chutte, dass d Chutefäcke nume so gflatteret hei. – Ds Meitschi syg jo no schuderhaft jung, het es em Res sy Mueter düecht. Mi müess ömel no abwarte, gäb de das zu ihne i Oberaargou wöll cho bure. Allem Wehre vo der Mueter z Trotz hei di Verliebte gäng wider Ränk u Wägli gfunge, dass si enang hei chönne gseh.

Di meischte Lüt hei denn no weni u nid vil vo Ferie mache gwüsst. Um so meh het me si uf ene Reis mit der Gnosseschaft, em Turn-, em Gsangsverein oder ufene Visite ane Usstellig gfröit. – D BEA z Bärn het all Früelig e Huuffe Lüt us allne Landesteile aazoge.

D Maschinefabrigge im In-und Usland si all Johr mit nöie landwirtschaftliche Maschine ufgfahre, so dass Bsuecher mängisch fasch ds Muul offe vergässe hei, we si vor dene Monstrum gstange sy. Als Buur isch me, gäb me wölle het oder nid, i dä Fortschritt ybunge worde. Dienschte het me keini meh chönne dinge u mi isch gäng wi meh uf d Maschine aagwise gsi. Drum het a der Usstellig i eire Maschinehalle lengschte nümm alls Platz gha.

Vil Publikum hei ou d Chüeh u d Ross i de grosse subere Ställ aazoge, u jede Buur isch stolz gsi, wenn er a dere Schou es Tier het chönne zeige. Für d Ching us der Stadt isch's es Erläbnis gsi, we si bym Mischte u drüber-abe bym Mälche hei chönne zueluege. Meischtens het by ihne der Milchmaa vom Quartier am Morge früech ds Häfeli im Milchchäschtli im Garte oder a der Stross vore gfüllt. I de Läde si denn afe di erschte drü-eggige Tetrapack Milch verchouft worde. Aber di meischte Lüt hei se no im Chesseli i der Chäserei oder im Milchlade greicht.

Ufem Land isch ds Veh düre Summer sälte dusse gsi, u drum isch e läbigi Chueh a der Usstellig für d Stadtching e chlyneri Sensation gsi.

Ds Käthi u der Res hei ömel ou a d BEA wölle. Si hei bym Loebegge abgmacht. Ds Käthi isch mit em Poschtouto cho, u das het näbem Bahnhof stillgha, wo me es ungrads Mol ou no d Velo het chönne abstelle. Wo der Res dür di alti Bahnhofhalle usgstabet isch, het er natürlech scho läng gägem Loeb überegschilet. Er het si Schatz trotz em Gstungg vo de Lüt gly erlickt. Byr erschte Glägeheit, meischtens het e Polizischt der Verchehr greglet, schuenet er übere Fuessgängerstreife vor de Outo düre em alte Tramhüsli zue, u scho si si enang i de Arme gläge. Stell me sech vor, sövel e Huuffe Liebi, wo vilicht scho meh als zwo Wuche isch ufgstouet worde. Derzue hei d Lüt z Bärn nid näbenume gluegt, we sech di zwöi scho gäng ume früsch erärvelet u vermüntschelet hei.

Käthis Ouge hei glüchtet, wi ne Bärgsee i der Oobesunne u es het si Alleriliebscht nid gnue chönne aaluege. Ändleche löse si doch es Billet u sueche sech im Nünitram es Plätzli.

Ds Käthi het allergattig gwüsst z brichte u derzue hei si sech ab däm Lütegstürchel Gass uf Gass ab gäng wider früsch verwungeret. By jeder Haltstell si e Huuffe Lüt usgstige u angeri si ynecho. Ersch nachem Kursaal het es aafo lugge. Mit em gross Räschte si si by der Ändstation im Wankdorf, wo jetz Guisanplatz heisst, usgstige u der Usstellig zue. Si si räätig worde, zersch by de Möbel düre zlouffe. We me de einisch ds Schlofzimmer scho byme Schryner löi lo mache, wöll me glych afe luege was es gäb, het es se düecht.

Natürlech hei d Ussteller di zwöi Verliebte nid ohni se uf alls Müglechs ufmerksam zmache u ohni Prospäkt lo verby goh. D Bett si ne zum Usprobiere aaprise worde, aber ds Käthi u der Res hei nöie kei Fiduz zeigt.

Der jung Buur het vo däm Möbelzüüg no grad einisch gnue gha u gäge der Maschinehalle ziilet.

Das isch für syner Ohre di rächti Musig gsi do inne. Traktore mit u ohni Pflueg, Mischt-lader u -zetter, Maschine für i Härd i alli Spiil ine. Maschine vo vore bis zhingerscht. Bym nöischte Mäidröscher chas der Res nid ver-chlemme, ueche zstägere u di Technik vo no-chem aazluege u uszprobiere. Ds Käthi luegt ou ueche, wo Res zusserscht ufem Stägetritt steit. Fasch trifft ihns der Schlag!

«Res chumm abe» stagglets verdatteret. Dä cha nid begryffe, worum sys Allerliebschte bleich isch. Es cha fasch nümm uecheluege u dütet uf Reses Schue. Är zieht ds Hose-gschlötter echli obsi.

«Gopfridstutz abenang, was bin i für nes Chalb» ertrünts ihm. – A eim Fuess glänzt e subere schwarze Schue u em angere isch e brune, wo weder e Putz- no e Glänzibürschte gseh het. Er luegt umenang! Hets ächt öpper frömds ou gseh?

Ds Käthi wartet uf ene Erklärig.

Wider einisch het halt der Res deheim schuderhaft müesse pressiere für ufe Zug.

«Weisch, ds Müeti het mer d Chleider ufem Bett zwäggleit gha. Zwüsche ine bin i no einisch i Stall go luege win es der chranke Chue göng u won i im Gang afe ei Sunntig-schue annegha ha, tschäderet mi Seel grad ds Telefon. I, i eim Schuss a Chaschte. Natürlech han i mi ob allem Hin u Här echli versuumt gha u d Mueter chunnt cho mah-ne, der Zug fahri allwäg ohni mi ab. D Jagge ab em Hogge schriisse, u ab mit em Velo der Station zue, isch eis gsi. A zwöit Schue han i nümme dänkt! Was mache mer jetz?»

Di Zwöi mache ds Beschte wo me ime söttige Fall cha mache. Si hei aafoo lache u fasch nümm chönne höre. Gäng wider het der Res eis Hosebei um ds anger echli glüpft u s nid chönne verstoh, dass er bis jetz nüt gmerkt het.

Ufene Wäg het er sech natürlich gschämt, dass är, win es gschune het, nid emol im Stang isch, sech i der Ordnig aazlege für i Usgang. Wo si sech vom Chlupf hei bchymet gha, hei si gwärweiset, was jetz söll go. Der Res het trotz allem der nöi Mäidröscher no

11

besser wölle gschoue u ds Käthi het das nach eme Müntschi voll u ganz begriffe. Är söll halt d Hose echli weniger uechezie, dass d Schue nümm füre chömi, het es ihm grote. Es het chönne feschtstelle, dass d Lüt a der Usstellig sovil Sache chöi gseh, dass niemer Zyt hätt gha, Reses Schue z visitiere.

Spöter si si der Hunger u Durscht go stille u mit eme Glesli hei di Verliebte uf das chlyne Ungfell aagstoosse.

Ds Käthi het sym Res wägedessi d Liebi nid gchünddet. Zwöi Johr speter hei si ghürote u si glücklech worde u mir hoffe, si syges no hüt.

# E nöji Frucht

Es isch i de Chriegsjohr 1939-45 gsi, wo all Lüt uf müglechscht grossi Sälbschtversorgig si aagwise gsi. Jedes Mätteli het me umegstoche für Härdöpfel z setze oder Gmües z pflanze. We eine denn hätti wölle Rasemääjer fehlha, wär er sicher verlumpet derby. Rase het me nume no i de Pärk vo de Herrschaftshüser gseh.

Für der Ölknappheit im Land etgäge zha, isch ds Raps pflanze ufe Aabouplan cho. Uf eme Schrybe vo der Gnosseschaft si gueti Erträg verheisse worde, we ds Wätter ume einigermasse mitspili.

So het ou der Vatter zum erschte Mol Raps gsäit. Niemer het Erfahrig gha mit der nöie Frucht, drum isch me mit gmischte Gfüel a ds Wärch. Für di Chörndli i Bode ztue, het me by der Sääimaschine jedi zwöiti Schaar zueto. Der Raps wärdi höch u es gäb grossi Stude, drum bruuchi er meh Platz als der Rogge u der Weize isch uf der Aaleitig gstange. Wo d

13

Reieli afe schön zeichnet hei vo z vorderscht bis zhingerscht am Bitz, het es zwüsche inne grad einisch aafo grüene vom Gjät. Vilicht müessi de d Froue zwüsche de Reie echli go schabere, hei di eltere Bure vermuetet. Gwüss isch me allpot go luege win es dene fyschter-grüene Pflänzli göi. Si hei fei aafo wachse u sech breitgmacht. Eso het me wenigschtens nid no müesse go jäte. Mi sött i gwüssne Ab-stäng no e Reie usehoue, dass me ir Ornig düre chönn bym Schwyre schlo u Dröht span-ne. We me spöter di Frucht mit de grosse Dolde söll drastelle zum Usryffe, bruuchi das doch Platz, het eine wölle wüsse.

Jetz isch di nöji Frucht scho fei echli gross u macht e Huuffe chlyni Chnöpf a de länge Trybe. Gwüss si si bal noche zum Blüeje. Will me gseh het, dass sech di Stude gäng breiter mache, isch me se z rächter Zyt i de Reie echli gsi go erdünnere. Do dervo gseht me scho nach parne Tage nüt meh. Win es Wunger hei sech di Pflanze gäng u gäng wider usenang glo. Ei grüeni Flechi, wo sech langsam aafot

14

ines guldgälb verwandle. Mi cha nid gnue luege. Scho vo wytem erchennt me di Fälder, mi cha se nid verwächsle.Teelne Orte si echli grösseri Bitze uszmache u anger Bure hei's mit eme chlynere Egge probiert. D Lüt wo dürefahre u d Spaziergänger am Sunntig chöi fasch nid gnue stuune ob dere Pracht. U si wärweise, was es us däm gälbe Fäld söll gä. D Beieli hei sträng i dene Tage. Es Hin u Här vo Blüete zu Blüete; u mit gsägneter Fracht flüge di Tierli heizue.

Nach ere gwüssne Zyt u eme Gwitterräge gseht me gly nütmeh vo dene Blueschtfälder. D Stängel si ungery scho fasch hölzig, d Chifeli mit de chlyne Ölchörndli ryffe. Jetz müess me sofort go d Reie teile u d Stängel uf d Syte ume lege, bringt der Vatter es paar Tag spöter vom Nochber derhär. Mi chönn süsch nümme düre, ohni dass ds Halbe usgheji, heig der Mischtlebuur gseit. Es isch e müesami Arbeit, dene schwäre Dolde zbefähle, uf weli Syte si vo jetz a müessi chiere. Scho gly möge teel Chifeli ds Aacho nümm verlyde ohni dass si ufspringe. D Mueter fot gwüss der Verluscht scho aafo röie. Mi wöll ömel de zu allem Sorg ha u süüferli mache, mahnet si, wo alli mit Boumschäri u Sichle usrücke. Stängel um Stängel wird jetz müglechscht ohni dranne zhudle abghoue oder abgnägget, u a Droht gstellt zum Usryffe. Eh, wi isch das zääji Ruschtig. D Manne lege nachem Mittag d Zwilchhändsche aa, die wo si im Winter für ds Holze im Wald bruuche. Di donschtigs Bloottere vo der Sichle chöm ne de bym Mälche am Obe nid grad chummlig. Es brucht vil Chraft u Usduur der ganz Tag mit eme chrumme Rügge druflos z sable.

«Mir rücke nid grad vil» isch drum am Oobe der Mueter ihre Kommentar. Aber gwüss geit es allne Orte a nes Probiere, wi me di nöji Frucht am beschte chönn ärne.

Zum Glück isch grad e «Schönwätterzymme», u so chöi d Rapschifeli a de Dröht schön usryffe u hert wärde. Für di sperrige Stängle mit der türe Fracht heiznäh, leit d Mueter Matratzetüecher, alti Lyntüecher u Rossdechine uf d Wäge u bingt se mit Schnüer am Hinger-u Vorgstütz halb obe aa, dass

16

müglechscht weni verlore göi. Trotz allem Sorgha gspürt me es Rünele vo Chörndli dür d Stängle ab goh, we me se vom Droht wägnimmt u zum Wage treit. Sobal d Frucht i der Höchi über d Tüecher uschunnt fahrt me mit em Füederli hei. D Dröschmaschine steit uf der Yfahrt obe zwäg, dass me grad noche cha drösche. No fürers tue möcht es gar nid erlyde. Ungere Dröschtisch chöme wider elteri Lyntüecher, dass d Chörndli nid i de Spält zwüsche de grosse Lade chöi verschlüüffe.

Der Raps wird nachem Röndle i grossi Wöschbecki u i d Söibütti gläärt. I spötere Johre hei d Manne mit Lade uf der Bsetzi am Schärme e Verschlag gmacht, dass di fyschtergraue Chörndli, wo eim so herrlich dür d Finger chrugele, we me e Hampfele dervo nimmt, dört hei chönne trochne. Mi het Schwyre oder grobi Stäcke i dä Huuffe gstellt, dass echli Luft derzue chöm. All Tag isch er grüert oder fürersgschuflet worde, dass d Chärne nid warm wärdi u öppe aaföi graue. Der Vatter isch vo Zyt zu Zyt mit em Literbächer voll Frucht zur Woog. Wo die guets Gwicht aazeigt het, het me chönne a d Abgab i der Gnosseschaft dänke.

Won es ufem ehemalige Rapsbitz nacheme warme Räge het aafo grüene, si mer scho echli entüscht gsi, dass trotz allem Ufpasse u Wehre sovil verlorni Söömli errunne sy.

Ob sech di grossi Arbeit u di vile Schweisströpf zahlt gmacht hei, weiss i nid.

Ds Johr druf hei d Manne der Raps mit der Sägesse gmäit u mir hei d Sichle nümme brucht. Mi het ne zu chlyne Garbe zämebunge für a de Dröht lo z trochne u spöter mit der Gable ufglade, wi ds angere Gwächs.

Stolz isch me aber de scho gsi, we me het chönne e Channe eigets Rapsöl i Chäller stelle. By de Läbesmittelcharte si eim de aber widerume d Märggeli für «Fett und Öl» usetrönnt worde u si hei eim gfählt.

Di Ruschtig wo bym Presse fürblibe isch vo de Chörndli het me sälb Zyt als «Ölchueche» de Chüe chönne fuere. Mi het dermit grächnet, dass es ne guet tüei, will si i der

Chriegszyt mit Frässruschtig nid grad ver-
wöhnt worde si.

Der Rapsaabou het sech sicher glohnt,
süsch chönnte mer üs hüt nümm Johr für
Johr im Juni a dene schöne, gälbe Fälder fröie.
Hingäge bin i froh, dass der Mäidröscher hüt
di vile Arbeitsgäng i eim Chut übernimmt,
aber i bi ou echli stolz, dass i als Pionier bym
Rapsaabou ha chönne derby si.

# Vo Gheimnis u chlyne Wunder

Eigetlech hätt mi my Schuelwäg gar nid bym Türmlihuus verbygfüert. Will i mi aber elei dür ds Wäldli em Hoger no zdüruf gäng echli gförchtet ha, bin i vilmol der Aare no u zletscht der Hoger uf für hei. Es isch wyter gsi als gägem Wäldli ueche, aber nach der Schuel han i das guet chönne i Chouf näh. Überhoupt isch es vil churzwyliger gsi mit eme Gspähnli z louffe, u ds Vreni u ig hei im Rank bevor ds grienige Strössli abzweigt het mängisch no lang müesse zäme brichte, gäb de jedes uf sym Wäg heizue isch.

Eso bin i rächt vil a däm verwunschene Schlössli verby cho, wo me niene rächt derzue gseh het. Im Summer het der höch Buechli-haag am Ströössli no ekei Blick dür ds dicke Bletterwärch erloubt, u nachär het e längi Ladewang alls abgschirmet bis a ds Türmli, wo me scho vo wyt här zwüsche de Böim gseh het. We der Gärtner öppe einisch e Bärete Gjät a ds Aarebort abegläärt het, isch ds grosse

20

Gartetöri offe blibe u de het dä ufem Ströössli usse vom vermeintleche «Paradies» hingerdra hurti chönne e Ougeschyn näh.

Früech im Früelig het me ab und zue düre blutt Haag möge gseh, dass Fröilein ufem rote Platz tüe Tennis spile. E Tennisplatz het es süsch im ganze Stedtli niene gä. Im chlyne Bedli näbedra hei di junge Lüt düre Summer echli chönne schwadere u di nötigi Abchüelig gfunge. Es Trybhuus, e grosse Pflanzblätz u ne chlyneri Hoschtert hei uf Sälbschtversorgig dütet. Froue het me nie öppis gseh wärche, ume der Maa im grüene Schurz het sech albeneinisch ufe Wäg useglo.

Um ds Türmlihuus ume, es het der Name «Erika» treit, hei grossi Böim i der heisse Zyt für Schatte gsorget u längi, schöni Bluemerabatte hei em Ganze e vornähme Aastrich gä. Ufem Rase si by schönem Wätter Ligistüel ufgstellt gsi, wo d Fröilein hei chönne löie u sech vo der Sunne lo brüüne. Sicher han i albe ds Muul offe vergässe, wenn i einisch oder angerisch dürne Spalt i der Ladewang ha chönne i di unbekannti Wält ine luege.

E Bitz wyter vore het der Wäg zum zwöite Huus, zmitts im grosse Rase, gfüert. Vom Strössli us het me der Name «Inter Silvas» a der Huuswang chönne läse. Zu dene zwöine protzige Hüser, wo für myner Ouge nid i die Gäged passt hei, het ou der Burehof hingerdra ghört.

Der ganz Bsitz het vorem Chrieg als «Internat» syni Glanzzyte gha, wo wältschi Töchtere us besserem Huus do si cho Dütsch lehre, u derzue der Gommang vor ghobene Gsellschaft. Im Türmlihuus sy si i zwone Schuelstube ungerrichtet worde u z oberscht obe, by de Lüggärnefäischter hei si ihri Zimmer gha. Ggässe hei si im «Inter Silvas» äne, wo d Lehrere u der Bsitzer, der Herr Ränfer, gwohnt hei. Der Garte isch dört echli weniger nobel aagleit gsi als byr «Erika», wo sie sicher albe ihri Gescht us em Wältsche begrüesst u im Huus a der Aare willkomme gheisse hei.

Wo 1939 der Chrieg losgange isch, isch ds Internat für di frömdsprachige Töchtere gäng wi weniger gfrogt gsi. Es paar Johr spöter het du der Bsitzer gwächslet. Ds Mariann, ds Meitschi vom nöie Internatsleiter, isch zu üs i d Schuel cho. Es isch es stills Ching gsi, u het ou i de Schuelstunge nid vil gseit. Eigetlech het das ekeis vo der Klass gstört u will ds Meitschi nie öppis derglyche to oder grännet het, het sech däm nöie Kamerädli niemere hert gachtet. Teel het es sogar düecht, es syg eifach z stolz, für eis vo üs zue sech hei yzlade. Drum hei mers ehnder benide, will äs i däm vornähme Huus mit em schöne Garte het chönne wohne. Derzue het me das Meitschi mit em nöimödische Bubichopf vorusse nie öppis gseh wärche, derwyle mir angere näbe der Schuel deheime alli meh oder minger hei müesse hälfe.

Üse Lehrer isch sälb Zyt als öppis Höchers vom Luftschutz vil im Schutzruum bym Wäldli obe gsi. Dass i der Schuelstube derwyle nid der Huuffe glehrt worde isch, isch grad errote. Es si müesami Johr gsi. Mit der Schuel hei mer näbe de obligate Schuelstunge es paar Mol am Morge früech a de

Waldränder müesse go Meichäfer ab de Bueche schüttle u ufläse, im Summer go Härdöpfelchäfer zämeramisiere u im Herbscht hei d Schüeler i Wald sölle go buechnüssle.

Üse Lehrer het ou dä Uftrag ärnscht gno, u meh weder ei Nomittage für dä Ysatz im Wald planet. Är isch ou dä gsi, wo üs uf de Spaziergäng dür Fäld u Wald gäng wider uf d Blueme, d Chrüter u d Beeri ufmerksam gmacht het. Ganzi Familie si i de Chriegsjohr go beere u Teechrüter sueche, hei Tannzäpfe u Holz zämegläse u mit Leiterwägeli oder zwöiredrige Chäre das begährte Heizmaterial heigfüert.

Der Lehrer het sech sogar d Müei gno u isch i de Turnstunge mit is go schwümmele. Er het is gwarnet vorem Chnollebletter- u Flöigepilz, het is zeigt a was me d Maröneler gchennt, u weler Schwümm me gschider im Wald löi lo sy.

Ds Mariann het mer einisch uf em Schuelwäg erzellt gha, dass es deheime vil Schleeg überchömm u der Vater mit ihm e Wüeschte syg. Syt es d Sekprüefig nid bestange heig, syg es no schlimmer. By ihne syg es fasch nümm zum Ushalte. D Eltere tüeije vil zäme chäre u d Mueter heig gäng Chopfweh u gränni. Si wett wider uf Basel zrugg, dört häre wo si früecher gwohnt heige.

Won is der Lehrer bym Buechnüssle widerume der giftig Chnollebletterpilz zeigt, u gseit het, was dä für ne unerchanti Würkig heig, het ds Mariann guet glost. Wo mer i der glyche Wuche zum zwöite Mol i Wald si, für di munzige drüeggige Nüssli ufzläse, het es mer sy verblätzeti Hang u der gschundnig Arm zeigt.

«Weisch, das isch alls vom Vatter, u i weiss nid worum. » Er heig ihns derewäg unerwartet gchläpft, dass es im Gang a di ruuchi Wang gfloge syg. «Das isch nid zersch Mol, wo mer alls weh tuet derwäge. Letschti Wuche han i a de Bei grossi blaui Fläcke gha.– Är het mer verbotte öpperem öppis dervo zsäge. Wenn er es Wörtli ume vernähmi, schlöi er mi zTod, het er dröit. I wott nümm läbe, i bi jo doch ume im Wäg», seit es bitter u echli trotzig.

Derzue streckt es mer dä gförchtet giftig Schwumm etgäge.

«Lue, vo däm issen i de dä Nomittag, u morn isch alls verby».

Eh, wi bin i erchlüpft! – Es het nüt gnützt, dass i em Mariann di Sach ha wölle usrede. I bi ou fescht überzügt gsi, dass äs mi nid aagloge het. Di Schürfige a de Häng u em Arm si nid vo nüt cho, u äs het jo gseit gha, dass by ihm deheime söttigs i der Letschti fasch zum Alltag ghöri. Es het schuderhaft Angscht gha vorem Vatter u isch uf sy Befähl hi ou gäng sofort na der Schuel heigsprunge. So het es der Schuelwäg fasch nie mit üs teelt u het dermit di vile chlyne Aabetüür verpasst.

We me vo däm wysse Chnollebletterpilz ässi, gäb es nach parne Stung schuderhaft Buchweh u di Vergiftig füeri sicher zum Tod, het üs der Lehrer gwarnet gha.

Zersch het das plogete Meitschi i sym Eländ der halb Schwumm grad wölle ässe, u mir derzue ds Verspräche abgno, niemerem öppis dervo z säge. Es syg si letscht Tag hüt, het es ganz truurig, aber ohni Träne gseit.

Mir isch es ob der Red schier schlächt worde u i ha nid gwüsst was i söll mache. Uf ene Wäg han i ds Mariann begryffe, aber glych bin i hinger düre wider zuen ihm u han ihm aagha, es söll s doch deheime no einisch probiere, oder süsch uf all Fäll ume es chlys Bitzli vom Schwumm näh. Dä sygi jo so giftig, dass es Eggeli i der Grössi vome Fingerbeeri sicher ou längi.

Gäng u gäng wider het es zwüschenine das Sälbschtmordobjekt us der Schöibetäsche gno, 's i de Finger umetröhlt u läng aagluegt.

Was isch ächt i däm Ching inne vorgange sälb Nomittag? Niemer het öppis gahnet vo der Tragik zmitts i der Schuelklass. D Buebe hei längs Stück Gugelfuer tribe bym längwilige «Nüssle». We nes gar nid het wölle mehre im gmeinsame Seckli, het der Lehrer albeneinisch zu Ornig u Flyss ha gmahnet. Ob es vil bschosse het, weiss i nümm. Mir sölle nid alle Ramsch zämeläse, u di wurmässige lo lige. Süsch syg es si nid derwärt das Züg i d Öli zbringe.

Wo d Schuelstunge si ume gsi, hei mer gäge hei zue chönne.

«I ha jetz gässe» chunnt mer ds Mariann cho chüschele: «Weisch, der Vatter hasset mi u schlieg mi nöchschtens einewäg z Tod; er het mers schon es paar Mol verheisse», het es sech für syner Sälbschtmordgedanke etschuldiget.

«I dänke a di», isch alls gsi, won i der Schuelkameradin no ha chönne mit ufe Wäg gä. Zäh Minute nach Schuelschluss het si jo sölle deheime sy.

Mir isch es nid wohl gsi, won i gägem Wäldli ueche glüffe by. Ds chlyne Härz isch schwär gsi u lang han i uf ds «Inter Silvas» a der Aare nide gluegt. Ganz unghüürig si mer di Hüser mit de noble Näme jetz vorcho. Kei Möntsch het me uf der Ebeni nide gseh. D Wältschli sy jo scho lengschte nümme cho. We me nöcher hätt dörfe go luege, hätti me gseh, dass do scho e Chehr kei Gärtner meh d Blueme gjätet u d Aalage bsorget het, u der Tennisplatz mit Miesch überwachse isch. Settigs isch de meischte Lüt drumume u im

28

Stedtli verborge blibe. Der Haag u d Lade-wang hei nüt gäge use glo.

Duuch han i deheim myni Ämtli bsorget u bständig han i i Gedanke der Mariann ihrer bruune, truurige Ouge gseh. Sii, wo nie öppe-rem öppis zleid to oder gchlagt het, het jetz eifach wölle stärbe. I ha's mit myne elf Johr eifach nid chönne verstoh. Eis, wo ime schö-ne Huus cha wohne, won es eim doch düecht, dört chönn es a nüt fähle, nimmt Gift. Es wott sogar di verheissene Schmärze i Chouf näh. I bi ufem Schuelwäg mängisch ou ploget u usglachet worde, aber stärbe, nei das hätti nid wölle.

Es isch niemere ufgfalle, dass i a däm Oobe ohni lang z zaagge u z stürme i ds Bett bi. Dört han i still für mi grännet u a ds Mariann dänkt, wo allwäg vil elei het müesse sy. Het es ächt hert Buuchweh? Läbt es überhoupt no? By däm Gedanke het es mi ganz tschuderet. –

Es isch nid my Fründin gsi, aber es het mi duuret, das nüt eso. Zwöi Johr vorhär isch eis us der Klass gstorbe u i ha mer vorgstellt, wi mer de ou der Mariann tüeije singe u mer dört müessi bym Sarg stoh, won es eim ganz chalt der Rügge uf chöm. Bym «Müde bin ich, geh zur Ruh» bätte, han i no aaghänkt, der lieb Gott söll mache, dass ds Mariann nid müess stärbe.

Schwäri Tröim hei mi d Nacht düre ploget u am Morge isch mi erscht Gedanke i ds «Inter Silvas». Es isch mer zwider gsi i d Schuel zgoh. Lieber vo allem nüt meh wüsse, het es mi düecht. Aber einewäg het d Schluelhuusglogge am zwänzg vor achti glütet u i ha wi alli angere im länge Gang der Schuelsack a my Hoogge ghänkt u bi i ds Schuelzimmer.

Wi isch mer doch e Zäntnerstei ab em Härz trohlet, won i ds Mariann i syre Pultlireihe gseh hocke. «Es isch doch nid gstorbe, i ha nid für nüt für ihns bättet» het e Stimm i mir inne gjublet. Es heig nid emol Buuchweh gha, seit es mer i der Pouse, u Vatters Töibi syg am Oobe verrouchnet gsi.

Es paar Monet spöter het es gheisse, ds Internat «Erika und Inter Silvas» syg hert verschuldet, u jetz verchouft worde. Will keini Wältschli meh chömi cho Dütsch lehre, wöll

der nöi Bsitzer di Hüser zu Wonige umboue.
Gly drüberabe het üs ds Mariann Adie gseit u
isch mit de Eltere wider uf Basel züglet.

# Bohne u Ärbs

All Johr, wenn es a ds Bohnesetze geit, dänken i a die Zyt zrugg, wo di Arbeit vil gulte het. Der Wärt vore Büüri het me gwüss fasch a ihrem Bohneblätz gmässe. 150 Stange si öppe zmingschte gsi, wo me het chönne setze. D Bohne si es wichtigs Gmües gsi. Düre Herbscht si si gwüss all Wuche zwöimol mit Späck u Härdöpfel ufe Tisch cho. Für e Winter het me se i de Gleser sterilisiert u zum Teel no i de Büchse, wo me mit em Dechel druffe i der Landwirtschaftliche Gnosseschaft mit eme Apparat het chönne go lo vakuumiere. Chorbwys si d Bohne deeret worde. Nachem Brotbache isch der Bachofe grad no äberächt warm gsi für d Bohne. Uf de hölzige Hurde het me se nachem Brüeije lo abchalte u schön glychmässig usgleit. Nid öppe ume drufgheit, das hätt es de nid gä. Schön näbenanger gleit si si am beschte dooret.

Lüt wo ds Suurzüüg, Chabis u Chöhli, gärn hei gha, hei de zum Teel ou d Suurbohne gschetzt. Der Chabis het me nachem Hoble rou i ds Bocki gstungget, der Chöhli u d Bohne si zersch brüeit worde.

Aber äbe. – Im Früelig het me der Pflanzblätz zersch müesse zwägmache für aazpflanze.

We ds Bohnesetze im Mai losgange isch, hei d Manne afe es Füederli Mischt, u de vo unger am Mischtstock, müesse i d Pflanzig stelle. Vorhär hei si mit der Eichte u der Droole der Bode so rein wi müglech gmacht gha. Vore Bodefreese het me no nüt gwüsst. Drum het me drüberabe alls afe einisch mit der grosse Houe ghacket. Bym Bohneblätz zwägmache, het me no einisch hingerfür müesse u gäng wider d Steine ufläse. We de der Härd nachem Chröiele u Rächele rein gnue isch gsi, het me d Schnuer gspannet, u d Mueter isch mit em Meter go aazeichne, dass me dört mit der Houe het chönne d Löcher mache. Guet Schuetöiff hei die müesse sy. Jetz het eis mit der Gable Mischt dry to u guet zämetrappet. So föifezwänzg bis dryssg Löcher a eire Reie, gäng 90 Santimeter usenang. Vo Hang oder mit eme chlyne Schüfeli het me nach all der Vorarbeit Härd ufe Mischt gströit u drüberabe chönne di erschte Bohne setze. Worum me nach jeder Reie no vil Zyt versuumet het mit zwägrächele, weiss i ou nid. Mol äbe: Im früsche Härd het d Mueter kei Fuesstritt tolet, drum het me ei Zyle na der angere fertig gmacht u der Bohneblätz het usgseh win es grosses Gartebeet.

We de d Julibohne, di blaue Bohne u d Landfroue zäh bis füfzäh Santimeter höch si gsi, het me di hölzige, wenn nötig früsch gspitzte Stäcke derzue to. Mit em schwäre Lochyse het der Vatter näbe jedere Stude es töiffs Loch gmacht, u eini vo de drei bis vier Meter länge Stange drygstellt. Win e Reie Soldate si si usgrichtet worde. Gäb me mit der Houe no einisch Härd zu de Stude zueche zoge het, mi het däm «wälmle» gseit, si si no toll bschüttet worde. Eine vo de Manne het d Bschütti müesse zum Pflanzblätz stelle, u d Froue hei se vom grosse Bschüttfass i ds Bocki glo, u vo dört Channe um Channe i ds gmachte Loch by jedere Stude gläärt. I der

34

Pflanzig isch mit der Bschütti nid gspart worde. Ou der Chabis het gäng einisch oder wenn er schlächt gwachse isch, zwöimol dervo übercho!

D Ärbs hingäge hei ohni Dünger müesse uscho. Vo ihne isch nid sovil gredt worde. Mi het der Bode vorem Setze weniger rein ghacket als by de Bohne. Si hei ou mit de mingere Stäcke müesse Vorlieb näh. Vo jedem Grotzli oder Stäcke het es no e Ärbsstichel gä. D Bohnestangli si ufem Zügstuel, we me eine gha het, gschundde worde u d Ärbs si mehrheitlich sälber über di churze düre Tannli, wo d Escht nid ganz abghoue worde si, ueche gchlätteret. Süsch het me se halt mit altem Garn müesse aabinge.

Vom Ygfrüüre het me no nüt gwüsst, drum het me d Ärbs, d Chifel u d Zuckerärbs grad früsch nachem Abläse gässe. Natürlech het me gäng schuderhaft uf ds erschte Gmües planget u doch het me d Chifel vilmol ersch abgläse, we si gross u echli zäi gsi si. Si hei de nachem Choche ufem Tisch besser bschosse, aber i bi albe fasch erworget, will es mi düecht

35

het, i heig trotz em Rüschte luter Fäde im Muul. Bin i ächt di einzigi gsi, wo bsungers a de Ärbs so höch gchöiet het?

Im Pflanzblätz u im Garte isch ds früsche Gmües je nach Wätter meischtens mitenang noche gsi zum ärne, u nachem erschte Gluscht het me nümm noche möge mit ässe. All Johr het d Mueter ou Mues- oder Suppenärbs gsetzt. Die isch me ersch go abläse, we d Stude u d Chifeli dür gsi si. Bym Uschifle si meischtens scho vil verwurmeti Ärbsli fürecho. Die hätti me müesse usschoube. Aber mi het di chlyne schwarze Pünktli fasch nid gseh. Sprütze gäge di donnschtigs Flöige, wo d Eier i di Chifeli gleit het, isch denn no nid Bruuch gsi. Di usgchiflete Ärbsli het me lo trochne u füre Winter i Seckli dänne to.

I üser Familie het ds Ärbsmues niemer grad hert gschetzt. Gäb me di lang gchocheti Ärbssuppe nämlech het chönne ufe Tisch stelle, het me se gäng müesse abschuume. Di chlyne Würmli, wo im Summer i de Ärbsli usgschlooffe si, si jetz obedruf gschwumme. D Dienschte uf de Burehöf hei das meischtens nid gwüsst, u d Suppe mit grossem Appetit ineglöfflet. D Burefreoue hei bym Drösche de hungrige Hälfer zum Zmittag vilmol e Ärbssuppe ufgstellt. We d Chöchi de no Gnagi oder es Hammebei drin gchochet het, isch d Suppeschüssle gly läär gsi. Mii hingäge het es gäng echli gruuset, will trotz em Erläse, gäng no e Huuffe Vichli i der Suppe blibe si. Mit spitze Finger han i ob allem Ässe die schwarze «Sächeli», wo obedruf gschwumme si, usegfischet. So han i na der Suppe meischtens e Souerei näbem Täller gha. I söll nid so gergelig tue, het mi d Mueter mängisch müesse mahne. Der Spruch:« Was zum Mund hinein geht, verunreinigt den Menschen nicht, was herauskommt, sehr oft», isch mer us der Jugedzyt im Chopf blibe.

Mängisch muess me hüt ume stuune, dass me früecher nid meh chrank worde isch.

Wenn i zrugg dänke, wi me mit allem huslig umgange isch! Wär hätt scho e Hamme oder es Laffli furtgheit, wenn er gmerkt het, dass es nachem Röicke läbig worde isch. Mängisch

37

het me fasch nid chönne dervor sy, we di donners Flöige ds Fleisch gschmöckt hei u me sälber ekei Röicki gha het. Teel hei ds Grouchnete i Spreuer to u angeri i d Äsche.

We me gmerkt het, dass ds Fleisch trotz allem Ufpasse «läbig» worde isch, het me ds Gröbschte useghoue u bym Choche si di chlyne Made gwüss wäger gstorbe. De isch es halt uf d Chöchi aacho, ob si d Brüeji no het wölle bruuche. Der Schmutz het me uf all Fäll obe abgno für d Bohne oder der Chabis zschmützge. We me im Heuet e Hamme gchochet het, für gäng echli Fleisch chönne ufe Tisch zstelle, isch me ohni Chüehlschrank übel dranne gsi. D Suurflöige hei di Ruschtig sofort gschmöckt u sech zuechegmacht. Vilne Orte het me sech düre Summer mit eme Flöigeschäftli chönne hälfe. I de meischte Burehüser isch der Chäller nid i der Nöchi vo der Chuchi gsi, u es het vil Löif u Gäng ggä, we me d Milch u ds Fleisch het wölle ame chüele Ort versorge. Grad dene Froue het spöter d Gfrüüri u der Chüelschrank vil Arbeit abgno.

Aber wär planget hüt no uf di erschte Bohne usem Garte, wenn er ersch vierzäh Tag vor der Ärn di letschte vom Johr vorhär us der Gfrüüri gno het? Derzue cha me hüt ds ganz Johr i de Läde früsches Gmües chouffe, so dass vil Lüt di Arbeit vom sälber Pflanze lieber de angere überlö, u nümme wüsse, wenn dass d Ärbs- u d Bohnezyt isch.

# Ds Elsa suecht der Fride

Ds Elsa het sech a däm Morge ohni grossi Aasträngig e Fäischterplatz im Zug chönne ergattere. Di vile Bahnbenützer wo hei müesse go schaffe, hei sech grad einisch uf eme Bänkli gsädlet u drüberabe hinger ere Morgezytig versteckt. E teel hei d Ouge zueto u si e Chehr spöter uf Kommando wider do gsi für byr rächte Station uszstyge. Vorusse het sech ersch der nöi Tag aagmäldet gha, u einzig d Liechter i de Dörfer u d Aaschrifte a de Bahnhöf si em Elsa Bewys gsi, dass ihns der Zug em Flughafe etgäge bringt.

Es wott furt. Zersch Mol i sym Läbe het es nid der Muet, a der Wienacht deheim zsy. Es isch jo doch ume im Wäg. Di Junge sölle ds Fescht vo der Liebi sälber fyre. – Worum wott me ihns eigetlech nümm? het es sech i der letschte Zyt gäng wider gfrogt. Isch es nid sym Maa e gueti Frou u de Ching e grächti Mueter gsi? Worum het überhoupt sy Ueli so plötzlech müesse stärbe?

Alls het me sech vor Johre so schön vorgstellt gha. Di Junge wohne im glyche Huus. Ei Partei unger u di angeri überobe. Mi cha enangere, wenn es nötig isch, ushälfe u für enang do sy. Platz isch für alli gnue! We de einisch Grossching do syge, chönn me die echli goume u gniesse, u derzue der junge Frou öppis abnäh, het me sech gfröit.

U jetz, was isch vo all däm blibe? Nüt weder Chib u Hass. Di Junge näh der Mueter nid emol meh der Gruess ab, schletze Türe u de Grossching befihlt me zschwyge, we d Grossmueter näbedüre louft. Si dörfe nid zu ihre cho wi früecher, u sölle seie ou nümm grüesse. Am Elsa drückt es jedes Mol schier ds Härz ab, u es ma scho gar nümm use vor Angscht. Es tschuderets fasch, wenn es zruggdänkt, wi ihns d Schwigertochter zur Tür usgjagt het, won es isch go froge, ob es zwüsche ine dörf wäsche. Di glychi Schwigertochter, wo sie vor es paar Johr d Wonig gratis zur Verfüegig gstellt hei, will si vor luter Gäldsorge nümme wyter gwüsst het. Mi het se zum Ässe yglade, u het ere spöter d Garte-arbeit abgno will si wäge der Müedi gchlagt het.

Ueli het denn albe wölle brämse. Aber ihns, ds Elsa, het di jungi Frou duuret. Si dörf nümm zu de Eltere hei, het si gäng wider gchlagt u schuderhaft über ihrer Lüt u d Verwandschaft wüescht to.

Gly nachdäm Ueli so ugsinnet gstorben isch, het ds Blatt gchehrt. Wele stercher, het es ungereinisch gheisse. Hei di Junge zersch no Fröid am Büüssi u em chlyne Waldeli gha wo ds Elsa gchouft het, dass es nid eso elei syg, söll jetz dä Hung niene meh sy. Alls Uswyche bringt eifach nüt, sinnet d Frou im Zug. Süsch bin i jedes Mol hurti go Adie säge wen i wyters furt bi, will me nie weiss, ob u wie me umechunnt. Der Maa, my Ueli, hei si ou im Sarg heibrocht. Es brucht so weni, u mi isch nümm do. Aber das Mol bin i ohni e Gruess zhingerlo, gange.

Abah, nümm dra dänke, mahnet sech ds Elsa u luegt zum Fäischter us, wo der Verchehr uf de Strosse jetz uf volle Tuure louft.

Es sinnet gschider a die Tage, won es mit em eltischte Grossching vom Seeland, em Michi, u syre Familie im Murtebiet het chönne verbringe. Der Bueb isch albe em Grossvater schuderhaft aaghanget. I de Ferie si si zäme i Wald, u der Grossvatter het em Chly fasch nid gnue vo de Tier u allem wo si begägnet si, chönne erzelle. Gäng wider het sech der Michi mit eme Chäfer oder eme Schnägg chönne versuume. Syt der Grossvatter nümm do isch, bedütet ihm ds Grosi meh als vorhär. Är isch dä wo ihm aalütet we d Mueter vil furt isch, u der Vatter nid Zyt het für ne. Är frogt, win es der Chatz u em Waldi göng, u ob ds Grosi gäng no Längizyti nachem Grossvatter heig. Ihn het es düecht, ohni Grosi chönn me doch nid Wienacht fyre. Ds Zämecho im Huus vo de Grosseltere, syg für seie näb de Päckli a der Wienacht ds Höchschte gsi. Sy Vatter söll mit em Stöffu u der Erika rede, dass si wider wölle Fride mache mit em Grosi.

«We der Vatter nid wölli, so red är de mit em Götti Stöffu» het er ihm ds letscht Mol am Telefon gseit. Dä guet Michi!

Wi gärn würd es ylänke. Aber ihns wott me sicher hüür a der Wienacht nid! Drum het es sech jo entschlosse, furt z goh mit angerne, wo ou niemer hei. Mit Möntsche wo vilicht ou Angscht hei vor dene Tage win äs. – Es isch guet, dass d Reisebüro allne wo über d Feschttage wei verreise öppis passends chöi aabiete. Am Flughafe wird se de d Reiseleitere sammle u de flügt d Gruppe nach Griecheland.

Sicher cha me mit frömde Lüt ou Cherze aazündde. Mi cha zämehocke u probiere nid a deheime zdänke.

Ganz cha ds Elsa syner schwäre Gedanke nid abschüttle u ersch won es sech im Flüger grad bym Fänschter het chönne sädle, foot es i sym Innere echli aafo lugge. Gmeinsam bewunderet me i de nächschte Tage d Schönheite vo däm frömde Land u macht interessanti Usflüg. D Reiseleitere git sech alli Müei, dass ihri Gruppe vil cha profitiere u luegt, dass ekeis muess absyts stoh. Ou ds Elsa het Lüt gfunge, won es sech wohl füelt u sy Chummer vo deheime nid breit drösche wird.

Aber ou wenn es gäng wider probiert Dischtanz zu allem zübercho, isch ihm mängisch ds Gränne zvorderscht. Wäm söll es deheime vo dene Schönheite z Athen erzelle? E schwäre Steichlumpe hocket ihm uf der Bruscht u drückt ihns schier z Bode. Er chunnt eifach all Tag mit, gäb win es sech wett von ihm löse. Em liebschte wett es uf eme Bärg all das aagsammlete Eländ i sich inne i ds Land usemöögge. Alls wo drückt lo obsi cho. Oder einisch eifach i ds Lääre trappe u alls dehinger lo.– U doch erchlüpft es de albe sälber ab dene wüeschte Gedanke, wo gäng wider ds Schöne vor de Ouge wei verdecke. Aber wi söll es däm töiffe Loch etflie? Wi söll es wyters goh? So guet es geit, het es sech im Zoum u fröit sech doch all Tag uf d Usflüg, wo vil Nöis mit sech bringe.

Won es ei Oobe mit eme sturme Chopf u müede Glider i ds Zimmer chunnt für sech angers aazlege, ligt es Papiir vom Hotällbüro ufem Bett.

«Liebes Grosi, wir wünschen Dir ein gutes Neues Jahr und freuen uns, wenn Du wieder heimkommst. Auch Stöffu und Erika und d Giele. Dein Michi.»

Ds Elsa überchunnt weichi Chnöi u muess ufe Bettrand hocke. Was söll jetz das sy? «Wir freuen uns», steit ufem Blatt! «Auch Stöffu und Erika»! Isch es ächt wohr? Hei syner Lüt Fröid, wenn es wider heichunnt. Hei di Junge deheime zäme gredt? Wi meh dass es ds Gschribne list, descht meh düecht es ihns es müess so si wi der Michi gschribe het. Träne tropfe uf ds Papiir. Mit em Nastuech tröchnet ds Elsa Michis Schrift. «Wi het jetz dä donnigs Bueb das mit däm Fax chönne aagattige?», frogt es sech u stuunet uf di zwöi churze Sätzli mit em grosse Inhalt. Sicher het sech der Elfjährig bym Reisebüro erkundiget u vilicht het ihm no sogar der Vatter uf d Spur ghulfe.

Ganz süüferli chunnt im Hotällzimmer bym Elsa wider es Giimeli blaue Himmel füre. Es leit dä Wunderzedel näbe ds Nachtischlämpli für ne de gäng wider chönne z läse u trappet mit eme «Gott Lob u Dank» i ds Badzimmer.

Dass ihm e Zäntnerstei ab der Bruscht gheit isch u nes ihm sythär liechter isch, het es niemere verrote. Vilicht merke's di angere ou ohni dass es öppis seit.

Syg's wi's wöll! Jetz luegt di Grossmueter z Athen mit Zueversicht em nöie Johr etgäge u fröit sech für hei.

# Sunntig u Wärchtig deheime

D Mueter isch e wärchigi Frou gsi. Am liebschte het si vorusse um ds Huus u ufem Fäld gschaffet. Dass me mit der Fäldarbeit gäng isch noche gsi, het ihre vil bedütet. Do müess me uf rücke ha solangs Tag syg. Dinne chönn me, wen es nötig syg, ds Liecht aadräie, dass me öppis gseji, het si albe gseit.

Sobal d Matte gäge Früelig zue abtrochnet hei, het d Mueter i der Stube kei Rueh meh gha. Sicher chönn me afe em Waldrand no go sübere nachem Mittag, het si bym Zmorge zwüsche Röschti u Gaffee em Vatter bybrocht. Er het meischtens nüt druf gseit.

We ds Gras einisch wachsi gsei me d Chneble, wo vo de Stude u de Böim abegheit syge, sofort nümme, het d Mueter ihres Vorhabe gluegt zrächtfertige. Ou d Muusehüüffe isch me byzyte go verräche. I de alte Grasbitze het das meischtens es paar Tag ztüe gä. Wenn es gäbig gange isch, het öpper dene ungeridische Sünder Falle grichtet u se gfange.

Will me zu dere Zyt no nid vil Kunscht-dünger gsäit het, si d Matte im Herbscht so vil als müglech übermischtet worde. D Manne hei dä Naturdünger vom Stall ufene Wage glade, wo äxtra für das mit ere schmale Brügi usgrüschtet worde isch. Ds Mischtuflade isch e schwäri Arbeit gsi, drum het ds Wybervolch ume ganz sälte müesse hälfe. Ufem Fäld isch drüberabe i re Reie all zäh Meter e gäbige Höck mit em Charscht vom Fueder abegschrisse worde. Di Mischthüüffe hei de vilmols d Froue oder der Grossätti mit der Gable glychmässig müesse zette; öppis, wo hüt d Maschine i eim Arbeitsgang übernimmt.

Düre Winter isch der Mischt vom Schnee u Räge usgwäsche worde u sobal ds Gras het aafo wachse, het me ds Strou müesse go zämeräche. Süsch wär es spöter i ds Fuetter cho u d Chüe hätte di Ruschtig allwäg nid hert gschetzt. Das Strouräche isch e längwiligi, unräntabli Arbeit gsi, u niemer het sech gärn derhinger gmacht. Aber es het halt eifach müesse si.

D Mueter isch si vo jung uf gwanet gsi, alls z Ehre z zie, u si het sälte öppis dänne gheit. Für deheime tüeijes di alte Chleider no salft, het es seie düecht. Ou ufem Fäld het me bym Grase u im Heuet jedes Hälmli u i der Ärn jedes Ähri zämegrächet.

Liechteri Arbeit dusse het me de Manne uf all Fäll abgno. Der Vatter het sälte müesse befäle, d Mueter het lengschte gwüsst was gattigs, u het d Jungmannschaft i ihrer Wärch ybezoge. D Wuche düre het es nüt gä vo spile oder am Änd no go bade. Für jedes isch Arbeit gnue ume gsi. Hung u Chatze fuere, d Holzchischte fülle, so dass bym Choche ds Füür nid öppe usgange isch. Gäge Oobe het me de Hüener müesse go d Eier usnäh u ne nachem Znacht ds Töri bym Stall zue tue. Im Lismerchörbli im Fäischteregge het derzue gäng e Lismete, meischtens mit ufgloonigem Bouelegarn, uf ene jungi Lismere gwartet. I der Chuchi het es ou allergattig gä zhälfe, u für di grössere isch im Stall u ufem Fäld düre Summer nöjis derzue cho.

Hingäge het d Mueter de ou es Ysehe gha, we eim d Häng vom Houeli- oder Gablestiil weh to hei. Aber dervolouffe het ekeis dörfe.

Angersyts het si aber de d Gebot i der Bible ärnscht gno u gluegt, dass si vo allne yghalte worde si. Meischtens isch es gäge d Oschtere gange, we ds Härdöpfelsetze noche isch gsi. I der Karwuche het d Mueter e eigenartigi Urueh aafo ploge, wo mängisch fasch i ne Panik usgartet isch. Am Grüendonnschtig het me zur Not no dörfe z acherfahre oder sääje, aber em Karsamschtig hätt de niemer sölle vo Egge u Härdöpfelsetze stürme. Vom Karfrytig bis am Oschtermäntig dörf me nüt im Härd rüere, will denn der Heiland im Grab gläge syg. Ou im Garte oder i der Pflanzig isch nüt gmacht worde. Es ligi ekei Säge uf der Arbeit, het d Mueter gmahnet. Mängs Johr het si sech mit däm Gedanke i der Familie chönne düresetze u mi het ersch am Oschtermäntig ufem Fäld wytergfahre, wo me am Grüendonnschtig verblibe isch. Wäge dessi het me d Härdöpfel u ds Gwächs glych z rächter Zyt chönne ärne. Mit schwärem Härze het si spöter müesse zueluege, wi di junge Lüt am Karsamschtig ufem Fäld u im Härd gwärchet hei, u niemer meh uf seie glost het.

Ou der Sunntig isch für d Mueter e wichtige Tag gsi. Ds Gebot, wo der Moses ufgschribe het : «Sechs Tage sollst du arbeiten und alle deine Werke tun, aber am siebenten ist der Sabbat des Herrn, da sollst du ruhen», het si gläbt. D Wäge u di paar Maschine, wo me gha het, si am Samschtig gäge Oobe a Schärme gstellt worde, u mi het aafo ufruume um ds Huus u wüsche. Unger de Böim vom grosse Huusplatz hets im Summer u düre Herbscht grossi Ghüder- oder Loubhüüffe gä. – Dass d Manne am Sunntig echli lenger chönni blybe lige, isch me am Oobe ds Gras go määje u heireiche. Es het keiner Ladewäge gä, wo eine elei innert ere halb Stung hätti chönne go grase. Für ds Määje hei tel Bure afe e Motormääjer gha. Die si aber no nid mit eme Mahdebrätt usgrüschtet gsi, u mi het ds Gras vo Hang mit em chlyne Räche müesse a nes Wälmli räche.

Für nes tolls Fueder Gras ufzlade het es, wenn es isch zreise gsi, zwe Manne zum Uflade u e Frou zum Nocheräche bruucht. De Ross am Wage het me a der Halftere ds Biis uftoo u ne e Gablete Gras häregheit, dass si hei chönne frässe. Süsch si si nämlech sälber de Wälmli nochegfahre u hei bständig dervo gschnouset.

Ame Sunntig isch sälte öpper furt. Er isch do gsi zum löie. Mi düechts, i gspür di Stilli u di Rueh no hüt, wo sech albe über ds ganze Huus usbreitet het. Vilicht heis jo ou d Tier im Stall gmerkt, dass dä Tag öppis bsungerigs isch. Einzig d Hüener hei glych lut gagglet wi d Wuche düre. Am Sunntig, wenn alls still isch gsi, het me se no e Blätz wyt vom Huus ewägg ghört. Es het doch zeigt, dass ds Läbe ou am Sunntig na der Ornig vo der Natur ablouft .

Zum Zmittag het niemer i de Wärchtig-chleider dörfe cho zuechehocke. Sobal der Vatter de Chüe nachem Fuettere het chönne der Barre zuetue, si d Manne i d Chuchi cho warms Wasser reiche für sech z Wäsche u z

Rasiere. Für das Wärch si unger em Schüttstei zwo verblätzeti wyssi Emailchachle gsi. By jedem Aaschloo isch wider e Bitz abgheit, aber mi het si desse nid gachtet u si hei ihre Dienscht no lang to. Öppis für i ds Wasser ztue, hei mer nid gchennt.

I Gedanke gseh ni di Ruume vom Wuche-dräck u vom grosse Bitz Chärnseife no hüt a de Chachle chläbe. Es Bad oder e Dusche het sälte öpper gha, u mi het halt nid sone Sach gmacht wägem «schmöcke».

Am Samschtigzobe oder am Sunntigmorge het d Mueter e Chueche bache für zum Gaffee am Mittag. Das het nachem Rindsbrote zum Sunntigässe ghört. Z Predig isch sälte öpper, will me uf di Nüne fasch nid het möge bcho. Derfür het der Vatter Predig am Radio glost u ou d Mueter isch für churzi Zyt i d Stube ghocket. Meischtens isch der Vatter ob allem lose ygschlooffe, aber das het niemer gstört.

Nachem Mittag het sech jedes verzoge u sech ame Ort echli still gha. Spöter isch der Vatter meischtens mitcho louffe über Fäld oder gäge Wald hingere. We angeri Ching cho si, het me Versteckis gmacht, oder eis vo de Grosse us em Nochberhuus het e Handorgele oder e Phonegraf zum Ufzie brocht, u de isch Musig glost u gsunge worde. Vo Sportveraastaltige hei mer nid vil gwüsst. Im Winter het der Vatter am Sunntignomittag öppe e Yschhockeymatch am Radiosänder Beromünschter glost. Der Sänder vo Sottens het ume gchräschlet wi lätz u dä vom Monte Ceneri het me a däm alte Chaschte gar nid chönne ystelle. Der Platz ufem Ruebett näbem Radio isch Vatters Egge gsi u er hets nid gärn gha, we öpper am Chnopf der Sänder verstellt het.

D Mueter het nachem Abwäsche gäng e schöni Schöibe aagleit. E schwarzi us glänzigem Stoff. Meischtens het si i dene paar freie Stunge öppe e Brief a di Verwandte u Bekannte gschribe. Will mer ekeis Telefon gha hei, isch das der einzig Wäg gsi, für widerume öppis zvernä.

Für d Söi go z fuere am Oobe het si sech natürlech angers aagleit. Ire grosse Mälchtere het si Härdöpfel, Mais u Gärschtemähl mit

Schotte u Wasser parat gmacht u di Ruschtig drüberabe i d Trög i de fischtere Söiställ unger der Yfahrt gschüttet. Di zwöi chlyne Fäischterli hei nume weni Heiteri vo dusse yneglo, aber das het weder d Söi bym Frässe u Schlooffe, no d Lüt gstört.

Im Höiet u der Ärn hei's d Manne gluegt z reise, dass me am Wuchenänd nid vil am Bode gha het. We der Wätterbricht am Radio schlächt u der Barometer im Gang usse uf Veränderlich zeigt het, isch me ds Höi go schöchle. Höigras määje oder süsch öppis wärche ufem Fäld ame Sunntig, nei, das hätt es eifach nid gä.

Mit der nöie Generation u der Mechanisierig het mängs gänderet. D Mueter het mit vil Müei im Alter müesse begryffe, dass me der Sunntig nümm aaluegt wi früecher.

Mi wärdi d Strooff de scho übercho, het es se düecht. D Gsetz i der Bible syge nid für nüt ufgschribe worde. Das wärd sech de einisch rääche!

Was würd si ächt hüt zum Sunntig säge? Hüt, won er i vilne Familie eifach der sibet Wuchetag isch, eine, wo me im Gschäft frei het! Er isch nüt meh Bsungerigs! Eifach e Tag, wo teel Lüt finge, mi chönn jetz grad am beschte gartne, ds Huus putze, wäsche u glette. Dank der Technik u de Maschine geit es jo ou im Hushalt vil eifacher. U doch hetze alli vo eim Termin zum angere u hei ekei Zyt meh Sunntig zha. Eigetlech schaad, oder?

# Servelasalat

Der Vatter Gehrig het ime chlyne Buredorf e Chüefferei gha wo rächt guet glüffe isch. Sy Wunsch, dass der einzig Suhn, der Ärnscht, ou einisch Fröid a däm Handwärch heig, het sech erfüllt. Dank vil Flyss u Entbehrige het d Familie es grosses Huus mit echli Land drumume chönne übernäh u bym Yrichte vo der Buddig het der Jung als zuekünftige Handwärker scho ärschtig mitgredt. Allne Orte het me denn Holzfesser für Wy, Moscht u angersch brucht, drum si di zwe Chüeffer nie arbeitslos worde. D Tante Mina, e Verwandti vom Vatter het syt es paar Johr by Gehrigs der Läbesoobe verbrocht. Eigetlech hätt si d Mueter im Huus u im grosse Garte echli sölle ungerstütze, aber ihrer Chreft si lengschte verbrucht gsi. Si het müesse froh sy, dass si do im Huus het chönne ungereschlüüffe.

Wo aber d Mueter plötzlech gstorbe isch, si di zwe Manne ganz übel dranne gsi. Ds

Gchöch, wo ne di alti Tante ufe Tisch gstellt het, hei si mängisch chuum chönne ässe. Si isch afe echli e Chööze gsi, het ds Gschirr im lauwarme Wasser meh abgcharet als abgwäsche u i der ganze Chuchi het si mit em nasse Hudel ihri Spure hingerlo. Der Vatter u der Ärnscht hei ds halb Zyt keiner suberi u gflicktnigi Hemmli u Überhose gha aazlege, d Stube isch nid ufgruumt worde u im Garte het ds Gjät über Hang gno. Ds Mina het nie rächt glehrt gha zhusaschte u mit em Tod vo der Mueter het es im Huus e grossi Lücke gä.

Will es dene zwene Manne mit der Tante als Hushältere grad einisch ds Dräck verleidet isch, het der Vatter der Jung gmahnet, mit Hürote uf Rücke zha.

Versproche si sech d Lisebeth u der Ärnscht scho e Chehr gsi. Ds Hefti het de aber der alt Chüeffer no lang nid wölle us de Finger gä. «Mi darf di Junge nid verwöhne, zersch sölle si zeige dass si wei u chöi wärche», het er albe gseit.

Grad eso het ers du ou mit der Schwigertochter, der Lisebeth, gha. Won er gseh het, dass sech di jungi Frou i der Chuchi u dusse guet stellt, het er ihre ds ganze Huswäse überlo.

Ds Hushaltigsgäld het si ihm aber wuchewys müesse go höische. Am Samschtigvormittag het er albe der Gäldseckel usem Sack gchnüblet u d Lisebeth het ihm für di häregstreckti Zwänzgernote brav «danke» gseit. Gärn het der Vatter Gehrig am Sunntig e gueti Fleischsuppe gha, wo eim mit grosse Ouge aagluegt het. We düre Summer derzue no Bohne mit Späck ufe Tisch cho sy, isch das es wahrs Hereässe gsi. Grossi Aasprüch si dernäbe nie gstellt worde u d Schwigertochter het mit vil guetem Wille ds Mina u di alte Mödeli vo der Mueter überno. D Wuche düre het si meischtens ume no müesse Brot u Milch u öppe echli Schmutz go chouffe. D Hüener im Hüsli hingeruss hei für d Eier gsorget, vo Zyt zu Zyt isch e Chüngel noche gsi zum Metzge u wenn e Buur i der Nochberschaft vore Fährlete es abgänds Söili het gha, het er das der Lisebeth brocht zum Ufzie u zum Meschte.

Für echli zu Sackgäld zcho, isch d Frou usem Chüefferhuus im Herbscht zu de Bure go Härdöpfel ufläse. So isch si mit de Lüt im Dörfli vertrout worde u es het se alls gärn gha. Derzue isch si bym Härdöpfle eini vo de tifigere Froue gsi u het sech bym Chörblääre nid pfäit wi angeri, wo gäng öppis hei z chlööne gha. Si isch ou die gsi, wo alben-einisch ds Dienschtmeitschi oder der Mäl-cher vom Nochber im Chüefferhuus het gheisse inecho. Es isch echli brichtet worde u mängisch het si sogar es Glas Moscht oder es Gaffee ufgstellt. Es si Fründschafte etstan-ge, wo über d Johrzähnt use duuret hei.

Der Vatter Gehrig het syt d Mueter gstorbe isch gsi, gärn am Samschtizoobe i der Pinte e Jass gchlopfet. Es paar elter Manne usem Dorf hei mit ihm es paar Mol uf Tuusig gmacht, derwyle sech di zwöi Junge deheime elei hei chönne vertörle. Em Vatter het de einisch niemer sölle säge, er syg nid vo Merkige u wöll de Junge Tag u Nacht vorem Glück stoh.

Ds Mina het sech nachem Znacht i sys Stübli hinger der Chuchi verzoge u by ihm isch es grad einisch still worde. Ab und zue het d Lisebeth ds Dienschtmeitschi, d Esther usem Nochberhuus, oder süsch jungi Lüt zume churzwylige Oobe yglade. Mängisch het si ds «Eile mit Weile» füregno, oder mi het eifach brichtet. Die Dienschte hei i de Betriibe weni Abwächslig gchennt. Sälte het öpper sälber e Radio gha u mi isch by de Meischterslüt i der Stube ou nid gäng willkomme gsi. Drum hei d Esther u der Peter, der Mälcher, di Yladige by de junge Gehrigs gärn aagno.

Der Ärnscht het mit Müschterli usem Bruefsläbe d Gescht uf churzwyligi Art chönne ungerhalte. Er het gwüsst, weler Bure de Dienschte u de Handwärcher ds Znüni vergönne u weli Büüri ihm gäng es Gaffee macht, wenn er dört öppis ztüe heig. Zwüsche ine sy Witze übere Dällebach Kari u angerne uf ds Tapeet cho. Zletscht hei d Manne meischtens no i de Erinnerige vom Militär gchromet, u me het se drüberabe chuum meh ufenes angers Trom brocht.

Wenn öppis zfyre gsi isch, e Geburtstag oder süsch es Ereignis, het d Lisebeth e Servelasalat gmacht. Isch das albe es Fescht gsi! Servelasalat u früsches Brot. – Zersch het me natürlech müesse warte, bis der Vatter grasiert u gsundiget der Pinte zuegstabet isch. Vorem Fyrobe het me ihn nid müesse erwarte deheime. Mängisch hei d Jasser sogar echli übermarchet. Uf ds Mina hingäge het me müesse Rücksicht näh. Mi het müesse lose ob es nachem «guet Nacht» säge würklech im ringhörige Chuchistübli grad uf Bettehuse göi. D Servelas hätti me im schlimmschte Fall scho i der Stube vore chönne verhoue, aber d Sauce mache mit Zibele, Sänf u Mayonnaise u allem wo derzue ghört, das hätt zwüsche Chuchischaft u Stubetisch nüt als e Huuffe Löif u Gäng gä.

D Lisebeth het albe em Schwigervatter scho em Donnschtig oder Frytig um d Stude umegschlage, dass er verroti, ob er am Samschtig wöll go jasse. Süsch het ne der Ärnscht halt by der Arbeit müesse usfrögle.

We d Zeiche guet gstange si, het d Schwiger-
tochter bym Kommissiöndle am Samschtig
zum Suppefleisch no zwöi Paar Servelas
gchoufft. So gnau hets der Gehrig nid gno,
dass ihm d Lisebeth no hätti müesse ds
Ychoufszedeli zeige. We si aber scho am
Zyschtig wider het wölle go Gäld höische, isch
de d Frog nachem «wo u worum» cho.

«Was hesch aber gänggelet, dass scho nüt
meh hesch?» Balget het er wäge dessi nid u
ou nüt gseit, we si der Gaschtig öppis ztrinke
ufgstellt het. Im Gägeteel, mängisch het er se
sogar gheisse i Chäller öppis Dünns go
zreiche. Är isch ekei Untane gsi, het aber wölle
der Überblick über d Finanze ha, u eso het er
di jungi Frou ou glehrt spare u huse.

Ja nu, jetz isch es wider einisch sowyt gsi.
Der alt Gehrig isch i der Pinte byme Jass
ghocket u di Junge hei sech deheime ufe
Servelasalat gfröit. Churz na de Zähne sy d
Spiil verruumt worde u d Froue si i d Chuchi
use düüsselet für go ds Znüni zwäg zmache.
Wo si am beschte dranne gsi si d Sauce z

rüehre, streckt mytüri ds Mina im Nacht-
hemmli der Chopf zur Türe y, für zluege, was
los syg. «We me re öppis wott säge, ghört di
tuusigs Trucke gäng schuderhaft hert», er-
geret sech der Ärnscht, won er i d Chuchi
trappet, derwyle ds Mina schynheilig frogt,
was ömel ou göng um die Zyt? Es wär doch
ou für di Junge noche für i ds Bett. – Es syg
nüt passiert, es söll ume wider i ds Bett u sech
still ha, het se der jung Chüeffer beschwich-
tiget, u ds Mina het d Stüblistüre wider zueto.
Innefür het me se no e Chehr ghört brummle,
nachdäm d Bettstatt grugget het gha u me het
chönne aanäh, dass di alti Tante unger d
Dechi gschloffe isch.

Für nöiem Gwunger vorzbeuge, hei d
Froue d Schue abzoge, u alls süüferli i d Stu-
be füre treit, wo der Tisch zwäggmacht isch
gsi für di heimlechi Mahlzyt zgniesse. Der
Ärnscht het scho wider es paar Witze u
Müschterli uf Lager gha u zwüschem Ässe u
Trinke hei sech d Esther u der Peter d Büüch
müesse ha vor Lache. Träne vom Gugle hei

doch mänge düregstangne Erger u mängi Töibi möge furtschwänke.

Wo di vieri am beschte am Habere gsi si, der Servelasalat isch, dank der guete Sauce vor Lisebeth grütscht, het a der Huustüre öppis polet. Gly het sech der Husschlüssel im Schloss dräit u der alt Chüeffer hänkt der Huet im Gang a Hoogge. D Lisebeth luegt ihre Maa läng aa. Vor Chlupf het es de ertappte Sünder d Sproch verschlage!

Der Ärnscht het se zersch ume gfunge u der Vatter gfrogt, was ömel ou los syg, dass är scho heichömm.

«Si hei mi verruckt gmacht», git er mutz zur Antwort, luegt stächig ufe Tisch mit em Servelasalat, de zur Lisebeth u der Visite u trappet ohni es wyters Wort zverlüre i sy Stube hingere.

Langsam hei sech d Lüt i der Stube vom Chlupf bchymet. Will alls so ringhörig isch gsi, het me nume no dörfe chüschele. Z säge het es eigetlech nümm vil gä. Mit em «gmüetleche Oobe» hei di vieri mit Schyn das

Mol ekei Gfell gha u d Stimmig isch so oder so verchachelet gsi.

Still hei si Täller usgmacht u drüberabe ds Gschirr i d Chuchi use treit. Dass der Chüeffer het müesse derzuelouffe, het alli schuderhaft gheglet, u d Lisebeth het sech gergeret u vorem Vatter gschämt.

Churzum hei sech d Esther u der Peter verabschidet, si em Nochberhuus zue, u gly isch es im Chüefferhuus fyschter worde.

Der Schwigervatter syg grosszügig gsi u heig nüt balget, het d Lisebeth spöter der Fründin aavertrout u si het ihm das höch aagrächnet.

Soo guet wi denn, wo me der Servelasalat im Verschleikte het müesse ässe, isch er hüt nümme.

# Ds Lädeli a der Chrüzig

Ds Lädeli steit verträumt zwüsche de Hüser u de Gärte im Dörfli. Wohlverstange, es isch are Chrüzig, wo zwöi Strössli zämechöme, aber vom Lärme vor Houptstross merkt me do nüt. Vilicht grad dessitwäge, äbe, will es echli abgläge isch, mache d Lüt gärn hie ihrer Kommissione. Di Eltere gchenne sech im Lädeli guet uus, will d Sach gäng öppe am glyche Ort zfinge isch. Derzue isch es ihri einzigi Ychoufmüglechkeit, wo si z Fuess oder mit em Velo möge errecke.

So vil wi müglech luegt me jedem Chund z diene mit däm won er begährt. Mängisch manglets de würklech bal am Platz, aber we d Reklame im Fernseh öppis Nöis bringe, tües d Verchöiffere halt ou no zueche u sueche es Eggeli derfür. Im Dörfli söll niemer ds Gfüel ha, mi syg ab der Wält. Vor allem si di eltere Lüt em Lädeli tröi u chöme gwüss Tag für Tag alls do cho chouffe. Es düecht eim, abgseh vo chlynere Missverständnis chönn uf alli Zyt use nüt ändere. Ou wo vom Läbesmittelgsetz gäng nöji Vorschrifte usechöme, probiert me im Lädeli der Aaschluss nid z verpasse. Fryli, Würscht u Fleisch darf me nümme verchouffe, will me nid söll Chäs, Milch u Fleisch im glyche Chüeler ha. Im Dörfli het es nie e Metzg gha, u es chunnt ou e keine meh i Chehr wi früecher. Drum het mes fasch nid chönne begryffe, dass me vo eim Tag ufe anger i ds nächschte grosse Dorf oder i d Stadt muess go d Servela reiche.

Wo weni spöter i der Umgäbig gäng wi grösseri Ychoufscenter wi d Schwümm im Herbscht usem Bode schiesse, überchunnt das ou ds Lädeli z gspüre. Di junge Lüt göh mit em Outo lieber dört go chrämere, wo si alls im Grosse chöi zuechetue, e grossi Uswahl aabiete u ds meischte echli billiger chöi aaschrybe. Vilmol isch jo grad no es Wirtschäftli oder e Gaffeestube derby, wo me der gross Ychoufswage cha mitnäh für bym Käfele mit der Fründin z brichte. So öppis cha me im Dörflilade nid. Wo wett me ou der Platz härnäh? – No dis no wird es halt doch stiller im Lädeli a der Chrüzig.

Aber ame schöne Früeligsmorge isch fei echli Betriib im chlyne Dörflicenter u e Lärme, wo me sech gar nid gwanet isch. Er wott gar nid passe zum schöne Konzärt, wo d Vögel syt der erschte Tagheiteri zum Beschte gä. We d Türe ufgeit chöme eim ganzi Schwäll wüeschti Wörter etgäge u teel Froue fuchtle mit de Häng i der Luft, wi we si zmitts ire Wäschplere stiengi. Allem aa het se öppis schuderhaft i ds Jääs brocht. Grad ergelschteret sech eini: «Die chöi üs dä Lade doch nid eifach zuetue. Spinnt's dene? Was dänke ou die? Mir, ohni Outo, wi sölle mer ächt üsi Ruschtig go reiche?» – «Meh alls dryssg Johr chum i dohäre cho chrämere u jetz won i alt by, söll alls fertig sy. Es het eifach ekei Gattig! Wi söll das wyters go?» plääret e achzgjährigi Frou u wüscht sech ds Ougewasser ab.

«D Wält isch eifach verruckt!» isch ihre Kommentar.

«Üse Lade söll nümm räntiere?» verwunderet sech e angeri. «Was wei di Here eigetlech no? Wo sölle mer de häre go chrämere? Mit em Zug i ds nächschte Dorf oder amänd i d Stadt ine?»

«Vilicht sött me mit dene Here einisch go rede», meint ds Grossmüeti vom Nochber-huus. Aber wär wett me schicke? Mi isch der Sach doch nid gwachse u wurdi dänk ume usglachet. Es isch drum nid eifach, söttigs darztue u begryflech zmache, dass es de ou öppis bschiesst. Wär het hüt no der Zyt eme einzelne syner Sorge abzlose?

Der Sturm im Lädeli a der Chrüzig isch verby u di erhitzte Gmüeter hei sech wider abgchuelet. Es paar Narbe het er aber doch hingerlo. Di eltere Lüt mache sech Gedanke, win es de sött wyters goh, we ds Lädeli nümme wär. Wo ds Grossmüeti ännet em Ströössli chunnt cho säge, no sogar der Dokter heig gseit, das syg de scho e Blödsinn, we im Dörfli keis Lädeli meh wär, hei es paar Elteri ds Gfüel, grad der Dokter chönnt vilicht öppis usrichte. Dä syg jo gstudiert u chönnti de Here i der Stadt etgäge ha. We sech öpper

71

dörfti wehre für d Lüt, syg är der rächt Maa. Är chönnt doch dä Stei, wo scho gäge ds Lädeli ungerwägs syg u alls kaputt machi, no ufha. – Aber der Dokter het halt no angeri Sorge gha u het d Zyt süsch brucht. U vilicht het es ihm, oder syre Frou, nüt usgmacht mit em Outo go yzchouffe.

Im Lädeli wird es jetz nie meh Oobe, ohni dass d Ladeschliessig uf ds Tapeet chunnt. Gäng wider touche Froge uf, wo niemer e Antwort weiss. Hei di Verchöiffere wider Arbeit i der Nööchi? Was söll mit em Huus goh? Wett nid öpper usem Dörfli ds Lädeli uf eigeti Rächnig übernäh? Worum muess gäng allne Orte e grosse Verdienscht useluege? Chönnt me nid mit weniger ou zfride sy? Es sött doch öpper no echli Sinn u Fröid ha, de Lüt z diene. So grüsli schwär syg das ömel nid, hei Teel gfunge.

Aber die, wo am lütischte balget u bugeret hei, hei ekei Ahnig gha, vo all dene Vorschrifte u Gsetz, wo hüt vilne Lüt ds Läbe schwär mache. Alls isch greglet vo Chüeli u Wermi, Fyschteri u Heiteri vo dört bis äne ume. Alli

72

Tier sötte es frei's glücklechs Läbe dörfe füere u dinne u vorusse gnue Heiteri ha. Vo de Lüt, wo i teelne Länder i ängge Chefine müesse ds Läbe frischte, redt me nid.

Em Lädeli a der Chrüzig si d Tage zellt. Es cha all de Vorschrifte nümme Stang halte. Derzue passe d Zahle nid mit de Erwartige zäme, u we d Zahle nümme stimme, muess me öppis ändere.

Ds Müeti vo ännet em Ströössli chas fasch nid begryffe. «Di Junge hei doch nid Zyt mit mir go z chrämere, we si schaffe! Was söll i ömel ou mache?» Gwüss louft ds Ougewasser der alte Frou über di runzelige Backe abe. E Frou wo ds Läbe lang gwärchet het, isch go putze u wösche, söll über ihres Gäld für d Hushaltig nümme sälber dörfe bestimme! Si söll's nümm dörfe denn usgä, we si öppis brucht. Nei, si muess go Ychouffe, we öpper wott Zyt ha für se.

Ds Müeti het sech nümm müesse dra gwöhne, dass me im grosse Lade a der Kasse mängisch lang muess im Reieli stoh u warte bis me cha der Gäldseckel fürenäh für z zahle. Es hets nümm erläbt, dass d Lüt ihri Ychöif mit ere Charte tüe berappe u der Mönsch vilne Orte outomatisch regischtriert wird.

Oh Müeti, du hesch halt no ire ganz angere Wält gläbt! Ire Wält, wo alls eifacher gsi isch. Ds Lädeli a der Chrüzig isch zuegange. Ds ganze Huus het ame grosse Wohnblock Platz gmacht, wo jetz Lüt mit Chinderwäge y- und usgöh. Ou ds Dörfli het gwachse. Es isch es Dorf worde u wär weiss, vilicht cha me spöter wider einisch do go chrämere.

# Bueb's Geburtstag

Bieris Eltischte isch lengschte ekei Bueb meh. Mit über füfzg Jöhrli ufem Buggel si ou syner Ching scho lang usgfloge. Trotzdäm isch der Michu gäng no Mueters Bueb. Si het ihm für e Geburtstag es Päckli zwäg. Es Hemmli u öppis Gäld het si dryto. Uf d Yladig zum Ässe oder wenigschtens zume Gaffee isch abschlegige Bscheid cho. Mi heig ekei Zyt, wäg der vile Arbeit. Syt eme Johr het der Michu sälber es Gschäft, will sy Poschte wägrationalisiert worde isch. Der Aafang syg schuderhaft hert u mi müess dranne sy, süsch heig me der Konkurs am Hals, het er d Mueter uf spöter verträschtet.

Aber ds Geburtstagsgschänk isch syt es paar Tag ufem Buffert obe zwäg. Ame sunnige Morge chunnt d Mueter uf ene glungnigi Idee. «I chönnt doch hüt Nomittag der Jung u d Schwigertochter mit em Päckli im Gschäft go überrasche. Die würde Ouge mache, potz mänt», sinnet si u gwüss huschet scho bym

Dradänke es Lache über ihres runzelige Gsicht.

Am Vormittag macht si mit em grosse Löcherbecki der Chehr düre Garte u d Pflanzig. Dises u äis Gmües het der Michu scho als Bueb gäng gärn gha, u uf all Fäll sölle di Junge no es Höitli vo däm schöne Salat übercho.

Zletscht isch der Plastigsack bis obenus gfüllt mit Bohne, Bluemchöhli u Salat. I der zwöite Täsche het ds Gschänk u der Geburtstagsmeie Platz.

Trotz em müede Rügge vom Wärche trappet di alti Mueter gly nachem Zmittag mit em Velo der Station zue. Si chunnt zrächter Zyt aa, u cha no gäbig ds Billet löse für ds Poschtouto. Es git es schöns Fährtli über Land. D Mueter uf em Sitz hinger em Chauffeur malt sech gäng wider us, wi de di Junge wärde stuune, we si ungereinisch unger der Türe steit. Ds Heidi, d Schwigertochter wärdi sicher es Gaffee mache, dass me hurti echli chönn brichte.

Us de Gärte am Stroosserand lüchte d Blueme, u di Burefrou, wo nie vil furt cho isch, gniesst das churze Reisli vo eim Dörfli zum angere. I der grosse Ortschaft isch für ds Poschti Ändstation u d Lüt styge alli us. D Mueter het sech der Wäg, wo si de müess louffe, deheime usdänkt. Zwöimol isch si afe mit der Tochter i Michus Gschäft gsi. Drum schuenet si jetz, so gleitig se d Füess träge der Ungerfüehrig zue. Do muess si nämlech düre, das weiss si no vo der Outofahrt. Si louft wyters u wyters. Worum zum Gugger chöme ihre di Hüser so frömd vor? Denn isch Michus Maschinehalle doch a der Strooss anne gsi! – «Henu, si wird de scho cho», tröschtet sech d Frou Bieri. A der nöchschte Chrüzig geit si linggs. Vilicht isch das länge Huus, wo si im Chopf het, wyter hinge.

D Täschene wärde langsam schwär u d Mueter chunnt nümm so tifig fürers. Si het sech am Morge alls so schön usdänkt u jetz ma si scho bal nümme glouffe. We si doch nume das donners Huus mit der grosse Terrasse gly würdi finge. «No einisch öpper froge het allwäg ou ekei Wärt», sinnet di alti Frou, wo wäge der bränntige Sunne afe müesam schnuppet. «Hätti doch nid sövel Gchöch mitgno, de gieng ds Louffe ou ringer», geit si mit sech i ds Gricht. Jetz toucht doch wyter hinger es höchers Geböi uf. Es Fünkli Hoffnig macht di zwo Täsche i de Häng wider echli liechter. «Momol, das wird's jetze sy», brümelet d Mueter. Dört hinger isch Michus Betriib.

Nach eme Chehr wird di ganzi Hoffnig ume znüte gmacht. Gnietig u muetlos schleipft si sech wyter. Meh als e Stung isch si jetz scho am Sueche u gäng no isch wyt u breit nüt vom bekannte Huus zgseh. Alls isch frömd das nüt eso. Drum louft si wider ine angeri Richtig . Si weiss jo gar nümm, wo si isch.

Gly einisch chunnt si i d Nööchi vom höche Silo, wo si vom Poschtouto us gseh het. Si isch jetz würklech afe gnietig u ma bal nümm. Uf alls ueche drückt se ds Hüeneroug am lingge chlyne Zeie. «Jetz das ou no», futteret si . «Süsch hei mer ömel die Schue nid derewäg weh to.»

Ganz het aber d Mueter Bieri ihres Vorhabe no nid ufgä. Es wär jetz mytüüri dumm, we si Michu di Sache nid chönnt gä, u alls wider müesst heischleipfe. U gäng früsch göiet si de Hüserreihe no z dürab u z dürueche. Mit ihrne bal achzg Johr het si schliesslech scho mängs erläbt u mängisch müesse uf d Zäng bysse. – Nei, ring isch es ihre im Läbe nid gange. Bym Schwigervatter nid erwünscht, het si mängs müesse ghöre u schlücke u i Chouf näh. Nid vergäbe isch der Rügge sövel chrumm u d Bei tüe all Tag weh. Wi mängi Mälchtere Tränki het si ächt über all di Johr ihrne Söi i Trog gläärt? U wi mängisch het si are Moore gwachet u re bym Fährle zwägghulfe? Am Morge het es natürlech nüt gä vo löie, nei. D Arbeit het widerume müesse gmacht si, ob gschlooffe oder nid.

Aber jetz suecht si ihre Michu, für ihm ds Geburtstagspäckli z bringe. Di Junge hei jo nid Zyt, hei i ds Stöckli zcho!

Ob allem wärweise, gäb si hüscht oder hot ume söll, chunnt di alti Mueter wider der Ungerfüehrig zue u gly toucht wyter vore der Bahnhof uf. Dört het es ömel de es Bänkli zum Abstelle, weiss d Frou Bieri. Sicher wott si de afe e Chehr verschnuppe u löie. Di donners Sunne het doch ordeli giftig uf e Asphalt abe brönnt, u d Bei si schuderhaft müed worde. Vilicht gchennti am Bahnhof sogar öpper ihre Michu. Dummerwys weiss si nid emol d Strooss, won er syt eme Johr schaffet. Wohne tuet er gäng no im Ämmital obe, drum het se dä Maa echli ratlos aagluegt, wo si Zmittag nachem Wäg gfrogt het. Wo si bym Bänkli d Täsche abstellt, fahrt gwüss grad ds Poschti zueche. «Momol, das passt jetz grad», seit si sech, nimmt d Täsche mit em schlampige Salat u em verdrückte Buggee u trappet gägem Outo füre. Si löst churzum wider es Billet u zäh Minute spöter höcklet d Mueter Bieri wider ufem Sitz hinger em Chauffeur u es geit über d Ebeni y, em Heimatdörfli zue. Si isch nümm so chräschlig wi am Mittag u weiss eigetlech nid, was si alls gseh het, aber eis isch sicher: Ds Huus wo der Michu schaffet, het si nid gfunge. Si isch im grosse Dorf allwäg i lätz Egge groote. Si muess ne de für d Adrässe froge. Jetz wott si zersch hei. Das Desumechniepe isch ere doch ordeli i d Bei cho. By der Station deheim chlemmt si di volle Täsche wider uf ds Velo, gogeret müesam ufe Sattel u trappet langsam heizue.

Am Oobe chas d Mueter Bieri nid verchlemme der Schwigertochter aazlüte. Si erzellt vo der vergäbnige Fahrt u wi si gwüss fasch zwo Stung lang desume gstürmt syg. Si ghört wi d Schwigertochter ännedra lachet. «Mueter, du bisch nid by Troscht! Worum hesch nid aaglütet, mir wäre di doch cho reiche am Bahnhof. Eh, was machsch du für Sache!»

«Jä nu, probiert han i ömel, u jetz man i nümme u fertig.»

Nachem Telefon geit d Frou Bieri gly einisch gäge Bettehuuse. Ds Hüeneroug süngget äbe gäng no, u uf der Matratze chöi de di müede Glider afe echli löie.

81

Am anger Vormittag tschäderet im Stöckli ds Telefon. Wenn es rächt syg chöm ds Heidi u der Michu nachem Mittag zum Gaffee, vernimmt e verdutzti Mueter.

So gleitig si ma, geit si drüberabe i d Chuchi gon e Chueche bache. Si muess doch der Visite gwüss öppis chönne ufstelle. D Müedi vo Geschter isch vergässe. «Die Junge chöme», jublets i der alte Frou inne. Das churze Sätzli git ihre nöji Chraft.

Wi git das e schöne Nomittag. D Meitli hei sech ou grad lo ylade u ekeis hets jetz pressannt. Natürlech wird d Mueter wäge ihrem Müschterli usglachet, aber alli gniesse der Nomittag deheime.

Worum het ächt di alti Mueter zersch zwo Stung lang müesse der Michu go sueche, wenn er der Tag druuf grad Zyt gfunge het für zu ihre z cho?

# Ds Meieli u sys Sorgeching

«Eh, wi schön! Chumm einisch cho luege, wi alleriliebscht», macht mi ds Meieli gluschtig u i goh use go ne Ougeschyn näh. Eigetlech isch das «Alleriliebscht» es eifachs, graus Ding, wo ame Balke hanget. Der Aafang vome Wäschpinäscht. Richtig, es suure zwöi oder drü vo dene gflüglete Bouhere desume.

Jo, ds Meieli. Es isch nid öppe es jungs Meitschi, wo sech do für öppis, wo mir nid näbe ume luege derwäge, cha begeischtere. Nei, es isch e chlyni, elteri Frou. Scho syt junge Johre treit si e chrumme Rügge mit sech ume. Aber us ihrem Gsicht strahlet eim sovil Liebi etgäge, dass me drab dä körperlech Schönheitsfähler vergisst.

Aber fö mer doch vo vore aa. Ds Meieli isch i der Nööchi vo Thun ufgwachse. Will äs scho es sunnigs Gmüet het mit uf d Wält brocht, isch es ihm trotz em chlyne Härzfähler i der Schuel guet gange u der läng Schuelwäg het ihm nüt gschadt.

Spöter het es als Chindergärtnere zure tolle Chuppele Ching gluegt. Di Verschüpfte u di Ermere vone hei byr Tante Meieli, wi d Ching ihm hei dörfe säge, es warms Plätzli gfunge. Zum magere Lohn, won es verdienet het, het es hert müesse Sorg ha u ne Teel dervo deheim abgä. Spöter het es ghürote u zwene Buebe ds Läbe gschänkt.

Mi muess däm würklech so säge. Ds Meieli het nämlech i dere Zyt vil müesse lige u es isch ihm gar nid ring gange. Ou nachhär het es fasch bständig e Hilf brucht, will ihm d Chraft eifach nid glängt het.

Drum düecht es eim, die Mueter heig allwäg ihri Ching scho gly müesse zum Mithälfe i der Hushaltig aaha. Aber ds Meieli het's eifach nid zstang brocht se zheisse. Ihns het es düecht, d Ching sötti's gseh, dass äs fasch nid mög. Es müess ne sälber i Sinn cho u si sötte ihm wölle hälfe, het es gemeint.

Der grösser vo de Buebe, der Walti isch ohni wyteres dür d Schuel uf, der Chrigi hingäge het zimli Müei gha. Nid, das er nid gschickt gnue wäri gsy, aber er het gäng tuusig

Sache im Chopf gha u für alls het ihm Zyt eifach nid glängt. Spöter hei ne d Eltere ine Privatschuel gschickt. Är hätti eigetlech zum Unggle id Schuel sölle, aber dä isch i der Familie gar nid beliebt gsi. Walter isch na der Schuel zur Bahn u het dört Karriere gmacht, Chrischte hingäge het sech für nüt chönne dezidiere. Gärn hätti är öppis gmusiget, aber der Vatter hets mit de Klavierstunge, won er em Bueb sälber het wölle gä, zweni gnau gno u derzue hets ihn düecht, dä söll doch zersch öppis Rächts lehre.

Ire Uhrimacherlehr isch Chrischte drusglüffe u für d Arbeit als Guldschmiid het er sech ou nid lang chönne begeischtere.

We ihm d Eltere öppis vorgschlage hei, het er's vorewägg ungere Tisch gwüscht. Ohni Spöiz für öppis zwärche isch er desume gmuderet u het sich u di angere mit syne Wuetusbrüch schier chrank gmacht. D Mueter het schwär dranne treit.

Als Rektor vome Gymnasium het der Vatter uf ere Bruefslehr bharret, «nachär syg es ihm glych, was der Bueb wölli mache», het es vo

85

syr Syte tönt. Ds Meieli isch zwüsche inne gstange u het gäng wider probiert beidne zuezrede. Vil het es nie chönne errangge. Vatter u Suhn si enang us Wäg.

Wo Chrischte isch zwänzgi gsi, het er gäng wi meh d Charte vo frömde Länder aafo studiere u wölle go reisle. D Eltere hei nogä, Chrischte mit em Nötigschte versorget u ne lo goh.

All das Gchär, wo doch ekeis het dörfe sy, het der Mueter i de letschte Johr vil Chraft abtrotzet.

Wi gärn hätt si doch im Garte gwärchet, aber chuum isch di müedi Frou mit em Wärchzüüg i der Hang dusse gsi, het ihre ds Härz bis a Hals ueche dopplet u se gmahnet, Sorg zha. Schuderhaft stolz isch ds Meieli gsi, wenn es di tuusigs Pumpi öppe ne Halbstung het chönne überlischte. Win e Chünig isch es de vor sym Wärch gstange u us sym Gsicht het d Fröid glüchtet. Für di schwereri Arbeit wär der Maa, der Hermann zueständig gsi, aber meischtens het är wichtigers ztüe gha.

Um so meh het der Walter gluegt Mueters chlyni Wünsch zerfülle, wenn er hei cho isch.

Vo Zyt zu Zyt het sech Chrischte gmäldet für z säge won er syg, u a weli Adrässe ihm der Vatter wider ds nötige Münz söll überwyse. Er het im Norde obe glehrt fotografiere u Fründe gfunge. Ou d Helen het er dört glehrt gchenne.

Mit offete Arme hei d Eltere spöter di Zwöi ufgno, u hei sech gfröit wo Chrischte näbem Gepäck so vil Zuekunftsplän heibrocht het. Si sölle sech im Elterehuus mit allem Nötige versorge, bis si Arbeit fingi wo ne gfalli, het es d Eltere düecht. Wi lang het ächt das guete Meieli di Zwöi a der Choscht gha? Für ihm ou öppis guets ztue chöme Chrischte u d Helen uf d Idee, der Mueter mit ere früsch gstrichne Stube Fröid zmache. U wi sech ds Meieli fröit.

Bym Maler reiche si Chessle voll Farb, male d Türe roserot u blau aa u gäng lot me sech öppis nöis a Farbtön yfalle. Zmitts i der Malerei fingt Chrischte Arbeit z Basel u si müesse luege für ne Wohnig. D Malerarbeite blybe lige, will di Verliebte churzum räätig wärde, si wölle grad hürote.

Wi mänge Tag d Mueter mit em schwache Härz spöter brucht für im Chäller d Malerpinsle zwäsche u d Farbchüble zverruume, weiss niemer.

Ds Helen geit jetz z Züri ine Schuel, wo der Schwigervatter e tolle Betrag bystüüret. So geit es e Rung ganz gäbig. We di Junge heichöme git es jedes Mol es chlyses Fescht. Si chöi nid gnue rüeme, wi si scho Fründe gfunge heige i däm Basel, dört syge halt d Lüt nid eso verchnorzet wi ufem Land. Gäb di Zwöi zruggfahre, dörfe si im Chäller go der Kommissionechorb fülle, dass si nid alls müessi go chouffe. Mi wott ja nume ds Beschte für se. Sälbverständlech wäscht de d Mueter ds dräckige Gschirr vor Visite der anger Tag eleini ab! Das würd sech gar nid schicke, we der Bsuech öppis würd aarüere, ou wen es di eigete Ching sy, wo chöi profitiere u d Mueter sötte etlaschte.

Nach guet eme Johr het es nümm rächt wölle hotte bi de Junge . Ds Helen het gchlagt übere e Chrischte: D Arbeit gfall ihm nümme, deheim hälf er nüt u nützi ihns ume uus. Syt äs chönn go schaffe, sött es alls vo sym Verdienete zahle.

Chrischte het nie glehrt gha sech i öppis z schicke u so isch ihm für allem z ertrünne ou das Mol ume d Flucht fürblibe. Ei Tag bringt er es Outo voll Gräbel hei, u es paar Wuche druuf het niemer meh gwüsst, won er isch. Wi di Mueter chummeret wäg ihrem Bueb.

Chrischte isch aber nid verlore. Er schrybt de Eltere, er syg jetz im Norde u heig im Sinn i Oschte zfahre. Er heig e Fründ gfunge, wo ihm hälfi. Ds Gäld für d Reis sölle si a die und die Adrässe schicke.

Niene het sech Chrischte abgmäldet gha us Angscht wäge de Folge.

Es isch e schwäri Zyt cho für d Eltere. Nach langem Blange u Warte chunnt doch e Brief mit ere Yladig für nach Israel cho Ferie zmache. Är, Chrischte, chönn sech dört sälbständig mache, we ihm der Vatter zum nötige Startkapital tüei verhälfe. Meieli u Hermann näh di längi Reis uf sech.

Wo si wider heichöme, chöi si nid gnue rüeme. Vo de «Bekannte», wo si heige lehre gchenne, vom Land u der Wermi, wo der Mueter guet to heig. Wo ds Meieli vo dene schöne Ferie wott erzelle, es isch grad schön i Fahrt gsi, schnouzt ihns der Hermann uschaflig gäi aa: «Schwyg, i erzelle, das chasch du nid!» Di chlyni Frou huuret no meh als süsch i sech zäme u luegt vorabe. Si weiss us Erfahrig, dass ihre Maa ekei Widerred vertreit. Ou d Grosstochter wo di Reis mit ne gmacht het, erchlüpft ob der herte Red vom Grossvater. Är erzellt jetz vo de Lüt im ferne Oschte. Schön zwägbüschele tuet der Hermann syni Wort, dass ömel nüt lätzes usechunnt.

Vil spöter, ds Meieli isch mit ere Visite elei deheime, chunnt es ungereinisch wider uf di Ferie im Ussland z brichte. Do passiert's, dass es sech verredt, u vor Chlupf louffe der arme Frou Träne wi Bechli über d Backe abe. Di glöibigi Frou schämt sech, dass si derewäg muess lüge.

Es paar Wuche druf cha sech ds Meieli nümm überha z säge, ihre Chrischte heissi

äbe nümme Chrischte. Er syg mit eme fröm-
de Pass i das Land ygreist u jetz wöll er dört
blybe. Si syge jetz ou nümme d Eltere vo ih-
rem Suhn, er heig se by dene Lüt als Unggle u
Tante vorgstellt. Sy alt Schwyzerpass heig er
scho lang verbrönnt, er syg froh, jetz e rächti
Heimat zha.

Dass der Vatter gäng u gäng wider het
müesse Gäld schicke oder äbe bringe, isch
ersch spöter uscho. D Mueter het unerchant
unger der Verantwortigslosigkeit vom Suhn
glitte u no vil meh unger der Lugi, wo d Eltere
dermit hei sölle umgoh. Är het für die Ver-
wandte u Bekannte als «verscholle» müesse
gälte. Als angere wär Verrat am eigene Ching.

Grad sy d Eltere wider am Plane vore Reis
nach Israel gsi, will es dört eso schön u warm
syg, wo ds Meieli z grächtem chrank wird. Es
muess i ds Spital. Was du uschunnt isch bit-
ter. D Dökter gä ihm nümm vil Zyt, aber es
cha ömel gäng no echli hoffe. Won es ume
deheime isch, bettets der Hermann i der Stu-
be uf ds Ruebett, dass es d Blueme gseht im
Garte. Vom Stuehl uf der Terasse chan es syner

Rose aaluege u se gspüre. Sy Blick geit i d Wyti ohni das es syner Gedanke i Wort fasset.

Ufe Totehof use, wo süsch scho sövel Lüt syge, wett äs ömel de nie, het es meh als einisch lo verlute.

Es isch gly einisch vo sym Lyde erlöst worde. Mi het ihns nid ufe Fridhof to, will's ou der Hermann düecht het, er wöll sys liebe Meieli deheime bhalte. Em Chrischte hei si es Telegramm gschickt a sy nöi Name, aber ufnes paar liebi Wort für sy Mueter het d Familie vergäbe gwartet. Är, wo ihre sovil Sorge gmacht het, isch jo nümme ihre Bueb gsi. Jetz het er nume no uf sys Mueterguet gwartet, dass er sy jungi Frou dermit echli chönn verwöhne.

Der Vatter deheime isch i de Nöte gsi: Im lääre Huus het er syner Sorge, won e fasch z Bode drückt hei, niemere meh chönn brichte. Dass ihm der Herrgott sys Meieli eifach gno het, ohni uf ihn Rücksicht z näh, het er nid chönne verchrafte, u uf der angere Syte wartet der Chrischte, wo zwar nümm Chrischte heisst, aber halt glych Hermann u Meielis Chrischte isch, uf Gäld.

No einisch het er's gluegt z reise, für em verlornig Suhn öppis zbringe. Es Johr nach syre Frou isch ou der Hermann gstorbe. Di vile Lugine ufem Gwüsse vom ehrbare Maa, u d Sorge u ds Eländ wägem Suhn wo der Vatter ussugget win e Zitrone, hei ne gäng wi meh i de Chralle gha. Ihm isch nüt angers blibe, als gäng nöji Gäldquelle z sueche. Das alls het sicher über Johre am Läbesnärv vom Hermann zehrt gha. –

Was lätz glüffe isch i der Jugedzyt vom Chrischte, het jetz ou niemer meh chönne ändere.

# Inhalt

# Wyteri Bärndütschi Gschichte
ca. 96 Syte à Fr. 14.—

Marie Dubach, Uf em Spycherbänkli

Marie Dubach, Us em Stöckli

Hanny Küng-Flückiger, Uf e Wäg – Gedicht

Gertrud Lauterjung, Sunne u Schatte

E. Liechti, Es wott es Froueli z'Märit ga

Elisabeth Liechti, 's isch nie, wi me meint

Rosmarie Stucki, Es Hämpfeli für ds Gmüet

Marta Wild, Ds Simmetalermädeli

Marta Wild, Hochzyt – Zum Vortrage

Elisabeth Zurbrügg, Chlynikeite

Elisabeth Zurbrügg, Nöii Liebi

Elisabeth Zurbrügg, Gueti Gedanke

# Bärndütschi Wienachtsgschichte

ca. 96 Syte à Fr. 14.—

Paul Eggenberg, D Wunder sy nid usgstorbe

Liselotte Gäumann, Der guet Hirt

Liselotte Gäumann, Es Wienachtswunder

Gertrud Lauterjung, En offeni Tür

Ursula Lehmann, Ds chlyne Tanneböimli

Rosmarie Stucki, Der Troum vom
                Wienachtsboum

Elisabeth Zurbrügg, En Adväntskaländer

Der Wiehnachtsstärn